主　编

张　伟

副主编

刘士荣

编　委

谭佳辉　苏小霞　张　瑶　赵大鹏

张秋珍　程乔夏　李　微　赵　洁

南京师范大学出版社

图书在版编目(CIP)数据

我们班的"八大家"·超酷派 / 张伟主编. —南京：南京师范大学出版社，2016.7

(5分钟趣味阅读)

ISBN 978-7-5651-2786-1

Ⅰ. ①我…　Ⅱ. ①张…　Ⅲ. ①阅读课－小学－课外读物　Ⅳ. ①G624.233

中国版本图书馆 CIP 数据核字(2016)第 149601 号

书　　名	我们班的"八大家"·超酷派(5分钟趣味阅读)
策　　划	姜爱萍　张　伟
主　　编	张　伟
责任编辑	胡秋石　王书贞
绘　　图	雷　宇
出版发行	南京师范大学出版社
地　　址	江苏省南京市宁海路122号(邮编:210097)
电　　话	(025)83598919(总编办)　83598412(营销部) 83598297(邮购部)
网　　址	http://www.njnup.com
电子信箱	nspzbb@163.com
照　　排	南京理工大学印刷照排中心
印　　刷	扬州市文丰印刷制品有限公司
开　　本	787毫米×1092毫米　1/16
印　　张	9.25
字　　数	155千
版　　次	2016年7月第1版　2016年7月第1次印刷
书　　号	ISBN 978-7-5651-2786-1
定　　价	19.80元
出 版 人	彭志斌

南京师大版图书若有印装问题请与销售商调换
版权所有　　侵犯必究

前言

校园是同学们成长的摇篮,校园故事是记录同学们成长的最佳载体。这个世界多姿多彩,发生在这里的故事纯真纯美纯洁。其中,有老师盈盈的笑脸,有同学纯真的友谊;有学业成功的喜悦,有考试失败的泪水;有成长的感悟,有思绪的升华。漫步在这个世界,喜怒哀乐样样皆有,苦辣酸甜咸五味俱全。

"儿童比艺术家的心真切得多。"(丰子恺语)作为一套非虚构作品,借助于童年的纯真,透过不染世俗的目光和心灵,去描绘生活中的美,赋予了这套书独特的审美价值。它虽清浅稚嫩,但内蕴深厚;虽短小精悍,但韵味无穷。它是一面镜子,映射出时代的光华;它是一块磁铁,把无数难忘的瞬间凝聚在一起,化为永恒;它是一部乐曲,把独具魅力的时代记忆编成了华美乐章。

同学们在欣赏同龄人感受美、展示美的过程中,既可以提高自己观察生活、认识生活、表达真情实感的能力,又可以陶冶身心、美化心灵。

校园生活五彩缤纷、绚丽多彩,校园故事是同学们的亲密伴侣。有它做伴,同学们的心灵永远不会寂寞;有它做伴,同学们的心头永远是天高云淡。

主编 张 伟

目录 CONTENTS

超酷派之一：辣妹留倩影

我们班的三个"女魔王" / 002
打造淑女 / 004
我是女侠 / 006
我们班的"男人婆" / 008
"大辣椒" / 010
假小子 / 012
我为自己做广告 / 014
这个调皮鬼是谁 / 016
跳过心里的栏杆 / 018
赤脚公主 / 020
我是女生，快乐的女生 / 022
平平常常一朵花 / 024
辣妹逸事 / 026

超酷派之二：帅哥大写真

"陈小鼠"演义 / 030
我的同学"拖拉机" / 033
我们班的"F4" / 036
我牛不？ / 038
我也是块金子 / 040
小小男子汉 / 042
我们班的男孩 / 044
同学马伟 / 046
他是体育小能人 / 048
我们班的搞笑大王 / 050
我曾经创造了一个
　　小小的奇迹 / 052

超酷派之三：辣妹帅哥大比拼

邻桌是女生 / 056
训练营里的"女钟馗" / 058
俺班酷事 / 061
我与同桌"冤家" / 064
那一刻，我们真疯狂 / 066
男孩，名字不是敲出来的 / 068
我们班的新鲜事 / 069
我们班的四大活宝 / 070
我们班的"八大家" / 072
女生宣言 / 074
我的同桌 / 076
我们班上的知名人士 / 078

超酷派之四：名师显山不露水

"鬼点子"老师 / 082
作文前奏曲 / 084
我的老师会武功 / 087
林老师语录 / 090
"恐怖"老师 / 092
另类老师 / 094
"树洞"老师 / 096
"懒"老师 / 098
"麻烦"班主任 / 100
瞧这位老师 / 102
怪老师 / 104
老师，还给您5分 / 106
"三绝"老师 / 108

超酷派之五：新奇创意亮眼球

男生女生交换日 / 112
一节飘香的作文课 / 114
闭着眼睛画画 / 117
上课吃东西，好吃又好玩 / 120
魔术变变变 / 122
第一次被采访 / 124
"江洋大盗" / 127
老师不在的时候 / 130
"骑士大战" / 132
无粮野餐 / 134
眼保健操四幕剧 / 136
解读米岸 / 139
螺蛳行动 / 140

超酷派之一：辣妹留倩影

王安琪这个女生可没人敢惹。她不仅凶，个子还很高，才上五年级，竟然高达1.65米。你肯定会觉得这太夸张了吧，是呀，现在小学里的女生真是没天理了，干吗长那么高？长那么高也就算了，干吗还穿着很高的斜跟鞋？穿很高的斜跟鞋也就算了，干吗还贬低男同学，说男同学都是矬子？但愿再入同一所学校时，我变成鹤。

我们班的三个"女魔王"

宋 阳

我们班有四十三个同学,二十多个女同学中,有三个很厉害的"女魔王"。

一个是最凶"女魔王"——王文瑾。

说起王文瑾呀,我们班的男同学都敬而远之,因为没有一个男同学能逃过她的"九阴白骨爪"。

有一次,我下课玩时,不小心摔了一跤。回到教室,王文瑾知道我摔了一跤,便大笑起来。

我生气极了,对她嚷道:"笑什么笑,你没摔过跤呀。"

这不说还好,一说可把她激怒了,她跑过来,手掌张开,脚成弓步,男生们都知道这是她亮出"九阴白骨爪"的前式。一看这阵势,我就知道大事不妙,连忙想用"凌波微步"逃脱,但为时已晚,她的"小指甲"早就"舒舒服服"地"挨"在我的身上了,接着,她又连打了我几下,这才哈哈大笑地扬长而去。

"唉,真是祸不单行。"我不禁说道,可又有什么用呢,我只能自认倒霉。

一个是个子最高、劲最大的"女魔王"——王安琪。

王安琪这个女生可没人敢惹。她不仅凶,个子还很高,才上五年级,竟然高达1.65米。你肯定会觉得这太夸张了吧,是呀,现在小学里的女

生真是没天理了,干吗长那么高?长那么高也就算了,干吗还穿着很高的斜跟鞋?穿很高的斜跟鞋也就算了,干吗还贬低男同学,说男同学都是矬子?但愿再入同一所学校时,我变成鹤。

王安琪是我们学校的铅球运动员,她的劲儿可大了。

记得一次,她有一道题不会做,于是,拍了一下我的肩膀,说:"老宋,这道题怎么做?"

"啊,你干嘛打我。"我的肩膀一阵剧痛。

她听了,说:"我没打你啊,只是轻轻地拍一下你的肩膀。"

我惊讶极了:"这还叫轻吗?我的骨头都快散架了!"

"真的吗?那可真是对不起了。"

从此以后,我一见了她,就心惊胆战的,生怕她再碰我。

一个是最漂亮的"女魔王"——龚洁。

龚洁呀,是一个很可爱、学习成绩也很好的女孩,她上有老师关爱,下有同学爱戴,很是得意。不知为什么,有时,她也很凶。

一次,一个男同学直直地望着她,她发现了,大叫一声:"你看什么看,色狼!"说着,朝这个男同学的面部就是一拳,吓得这个男同学一溜烟地跑了,龚洁竟哈哈大笑起来。

哇,那样子好可怕啊。

这三个女同学虽然都是"魔王",但她们给我们班带来了不少欢声笑语,给我们紧张的学习生活带来了不少乐趣。

魅力解读

作者的文笔很生动,笔下的三个女孩很有个性。王文瑾有点不讲道理,不仅取笑摔了跤的同学,还不准别人说她,居然还亮出"九阴白骨爪";王安琪是一个大大咧咧的女孩,问问题不仅用嘴,还用手,自己觉得是"轻轻地拍",却让"我"感到"一阵剧痛";龚洁很可爱,学习成绩也很好,对有的男同学却毫不客气,甚至以拳相待。这三个女孩真是又可气又可爱的"女魔王"。

打造淑女

张 丽

仔细打量镜子里的自己,大大的眼睛上面虽不是弯弯的柳叶眉,但也能算是蛾眉了,皮肤白里透红,一头黑亮的长发,扎成了两根牛角似的小辫。明明具有江南女孩子的妩媚,班里的那帮男生却说我是"四川辣婆",可恨!

谁叫那些男生太张狂,以为班级就是他们的世界,他们可以"为所欲为"。

昨天中午,坐在前面的"捣蛋王"实在欺人太甚,他把同桌虹虹的卷笔刀弄坏了,不但不道歉,还说虹虹买东西不长眼睛,尽买伪劣产品,把虹虹气得一句话也说不出来。

是可忍孰不可忍,我一下子蹿到"捣蛋王"面前,双手叉腰,怒目圆睁,就在他假装疑惑地看着我的时候,我猛然用力把他的铅笔盒摔在地上,铅笔盒一下子就"粉身碎骨"了,里面的东西撒了一地。

"哈,'捣蛋王',原来你的东西也很伪劣呀,真不经摔!"我以其人之道还治其人之身,爽!

他的眼镜片后面露出不屑的目光,怪里怪气地说:"你这个'四川辣婆',有本事变成淑女,我就算服你了!"

旁边的几个男生也跟着起哄。

哼,变成淑女,有何难?

放下牛角辫,让黑亮的头发倾泻而下,夹上漂亮的发夹,穿上被我打入"冷宫"的新裙子、长筒袜,还有那漂亮的新皮鞋,再往镜子前一站,哇,江南小美女一个,哪有半点的"辣"味?对,还要注意自己的言行和举止,文静方显淑女本色。

第二天早上,当我一扭一扭地走在教室外的走廊上时,眼尖的虹虹立刻打叫起来:"哇,张丽,你真漂亮!"

"张丽,你今天的变化真大,我简直不敢相信耶!"

……

我崭新的造型,引来了女同学的一片叽叽喳喳。我只是微笑着不说话,淑女嘛,就要有淑女的样子。

"今天太阳从西边出来了,'淑女'驾到!""捣蛋王"开始发表怪论了。哼,我才不理他呢,我要让他领略一下淑女的风范。我款款地走过他身边,目不斜视,然后动作优雅地在自己的位子上坐下。

咦?不对呀,屁股下面怎么湿乎乎的?伸手一摸,竟然是水!心中的火焰在燃烧!环顾四周,"捣蛋王"正幸灾乐祸地看着我,是他干的!我把袖子往上一卷,两手往腰间一叉,眉毛倒竖,火山就要爆发了!

"你,你今天可是淑女呀,不能发火的。""捣蛋王"提醒我。

管它什么淑女,我一脚踢过去,正好踢在他的凳子脚上,把我的鞋子都踢飞了。

魅力解读

作者本来想把自己打造成淑女,却紧紧围绕一个"辣"字来写,强烈的反差和对比,丰富了故事的表现力。选材很典型,你看,打抱不平,制服"捣蛋王";"我"正要把自己打造成淑女,却遇到了"捣蛋王"的恶作剧,一脚踢过去,鞋子都飞了。画面感强,个性鲜明,读后,有如闻其声、如见其人的感觉。

我是女侠

叶馨宇

"我是女侠,是见义勇为的女侠……"这是我根据《我是女生》这首歌为自己改编的新歌——《我是女侠》。我为什么要这样改呢?请看——

"哼,告诉你们,以后少欺负人。"我又开始对那几个男生训话了。别问我要训多久,这要根据他们的表现来定。只有他们连连点头了,我才会让他们"抱头鼠窜"。

刚才,我最要好的朋友刘婧瑶又撅着小嘴来找我了,不用说,准是又被哪个调皮的男生给欺负了。说起这个刘婧瑶啊,可是出了名的胆小。平时,她只要一看见男生朝自己瞪眼睛,就会吓得撒腿便跑。往哪跑?往我这个"救星"这儿跑呗。我一问,果然不出所料,她又被张志光欺负了。路见不平拔刀相助是我的个性,何况还是好朋友的事,我怎能坐视不管呢?我一边安慰她,一边四处搜寻目标。

啊,原来张志光做贼心虚呀,这时他正躲在教室后面一群男生中间。我才不怕他呢,我拉上刘婧瑶,就径直奔去。张志光见状,马上飞奔出教室。嘀,这家伙的反应还真是敏捷。我也不是吃素的,立刻追击。

我追着他就冲上了大楼梯,并吩咐刘婧瑶

守住小楼梯口,然后,就狂奔上了六楼。我追着张志光绕着楼道跑了三圈,累得气喘吁吁。哼,想耗尽我的力气,没门儿!我假装要从左边追他,待他一向前跑,我忽然掉头从右边迎了上去。哈哈,三十六计中的"声东击西"还真管用。眼看就要抓住他了,这家伙突然向右边一闪,不好,他想躲进"避风港"——男厕所。我奋力追过去,张志光却只是在原地打转转,原来六楼男厕所的门是锁着的。哈哈,天助我也,终于抓住他了。我左一拳,右一脚,并让他尝了尝"九阴白骨爪"的滋味。一阵阵惨叫声在教学楼里回荡,最后,这家伙终于"认罪投降"了。

如果你看了我"英勇善战"的场面,就说我只是一个猛张飞的话,那就大错特错了。在学习的战场上,我同样是个"女侠"。

课堂上,我是老师的"铁杆粉丝"。每当老师提问,我总是以最快的速度找到答案,然后迅速举手准备回答。每当老师让我回答问题,我总是一副昂首挺胸、胸有成竹的女侠样,而且声音洪亮,很有气势。有时,老师的问题很难,全班同学都鸦雀无声,好像敌人发出了绝招,无人能接似的。每当这个时候,就该我大显身手了。我总是镇定自若地举起手,用响亮的回答"营救"大家。

怎么样,明白我为什么要改歌词了吧?我就是"女侠",一个聪明伶俐、爱打抱不平的小"女侠"。

魅力解读

《我是女生》是大家耳熟能详的歌曲,作者改编为《我是女侠》,并以此为题,使文题富有新意。故事围绕"我是女侠"这一主题来组织材料,选取了"为好友打抱不平"及"积极主动回答老师的问题"这两个典型事例,有力地突出了"我"行侠仗义、聪明伶俐这一"女侠"的特点。在表达方面,语言生动,富有儿童情趣,是一篇优秀的故事。

我们班的"男人婆"

张云峰

我们班有一个"男人婆"。"男人婆"当然不是男的了,她是一位女同学,她叫钟华娃,是我的同桌。

"男人婆"长得人高马大,总爱穿一套青色的或灰色的运动服,整个一假小子。她做事、讲话总是风风火火的,得理不饶人,班里的调皮男生都得让她三分。她的脾气好,同学们叫她"男人婆",她一点也不生气。

这学期开学,钟华娃背着书包一走进教室,就引来一阵哄堂大笑。你猜怎么了,她居然理了个板刷头。

一天中午,夏飞冲着操场上的钟华娃大声喊:"张云峰,来一下!"见她不理,就追上去,猛拍她的肩膀。钟华娃一转身,夏飞傻了眼,原来他把那个假小子当成我了,旁边的同学都笑得直不起腰来。

还有一次,上完体育课,钟华娃和曾琴琴手拉着手上楼,被二年级的张老师看到了,她看不明白,竟自言自语地说:"怎么男孩子拉着女孩子的手啊?"

这么一来,"男人婆"的名声更响了,全校的老师都知道五(1)班有个"男人婆"了。

前些日子,"男人婆"成了我的同桌。我决

定给她来个下马威,让她瞧瞧俺老张的厉害。我在课桌上画了一条"三八线",如果她超过了这条线,对不起,嘿嘿……如果我超过了嘛,我谅她也不敢怎么样。

一次,我正在做作业,忽然,她的胳膊直捅我的手,我的作业本上立即出现了一条"小尾巴"。

我大喊:"你找死啊!"

钟华娃毫不示弱:"谁叫你超过分界线!"

"你想怎么样?"

"你怎样对我,我就怎样对你,这叫'以牙还牙'!"看她那怒目圆睁的样子,我自知理亏,只好就此罢休。

现在,我课桌上的"三八线"早已擦去,因为我的同桌是个"男人婆"呀,而我和"男生"同座是从不设"三八线"的。

魅力解读

"男人婆"自然是女的,为何称之为"男人婆",大家细细品一品吧。第一,外形、衣着、打扮颇似男孩,有例为证,连老师都以为她是男生。第二,"三八线"是男女生的分界线,可她那气势、那风范根本算不上女生,因此,"三八线"只能从课桌上消失了。诙谐的语言,逗笑的事例,不叫她"男人婆"都难呀。

"大辣椒"

张小燕

我们班有个女同学叫王娇娇,听名字,可能会觉得她是个很娇气的小女孩,事实恰恰相反——她是个敢说敢做的泼辣女,同学们都叫她"大辣椒"。

娇娇最痛恨的就是不守信用的人。

那天,我有些不舒服,头晕得厉害,俊俊答应和我换做值日。离检查人员来检查卫生只有五分钟了,俊俊还在和别的同学津津有味地下象棋,根本没去做值日。

娇娇知道事情的原委后,一把拧住俊俊的耳朵,把他拉了起来,生气地说:"你不是答应帮助小燕擦窗户的吗?怎么不去擦呢?倒在这里下象棋!"娇娇的嗓门像高音喇叭。

"有什么好神气的,不就是擦窗户吗,凶什么凶!"俊俊轻声嘀咕着。

"好呀,我看你就别擦了,等检查人员来了,扣掉清洁分,看老师批评谁!"娇娇说这话时,还真有几分咄咄逼人的气势。

俊俊只好乖乖地去擦窗户,边擦还边喃喃自语道:"这个'大辣椒',碰上她算我倒霉!"

有时候,娇娇让人感觉像一个正气十足的女侠。

那一次数学考试,学习委员莉莉考砸

了——只考了八十多分,而那份试卷不是特别难。成绩公布后,几个同学就在一旁冷嘲热讽:

"哟,我们班的学习尖子考得真好啊!"

"是呀,我们可要多多向她学习呀!"

……

说得莉莉号啕大哭起来。

娇娇闻声而来,问清了事情的来龙去脉后,生气地说道:"好马也有失蹄的时候,难道你们就能保证永远都不会失误吗?况且,你们就考得很好吗?你好像只考了70分吧?还有你……"

"好了好了,我们知道大姐嘴巴厉害,小弟甘拜下风,求您放过我们吧!"一个同学说。

渐渐地,同学们都喜欢叫娇娇"大辣椒"。

老师笑着说:"虽然给同学起绰号是不对的,不过,这个绰号倒是挺像娇娇同学的脾气。"

魅力解读

以主人公的绰号"大辣椒"为题,新颖独特。作者围绕主人公敢说敢做的性格特点,选取了两个典型事例,展开了详细的叙述。娇娇管理班级和安慰同学时语言、神态的刻画,生动地展现了这个"侠女"泼辣直爽的性格。故事中虽然没有进行面面俱到的外貌描写,但主人公的形象仍能使读者过目不忘。

假小子

刘欣颖

瞧,那个活跃在篮球场上的精灵——穿白运动服的"男孩",不,确切地说是个女孩,她就是我们班的假小子张悦。

一提到"张悦"这个名字,不熟悉她的人眼前或许会浮现出一个扎着小辫儿、有着甜甜笑容的可爱的小姑娘,不过,一见到她本人,人们一定会十分惊讶!

张悦剪着短发,永远不离身的是运动服和球鞋,即使是酷热的夏天,也没见她穿过裙子,顶多穿一条运动短裤。张悦是个大大咧咧的人,她对洋娃娃、小饰品从来不感兴趣,使她着迷的是赛车和篮球。

我们班的男生无一不喊她"哥儿们"。

下课了,她从来不玩编花篮之类的游戏,而是和她的哥儿们去踢足球。如果哪一天有什么国际体育比赛,第二天下课时,她一定在和男生讨论赛事。

她和男生一样,永远都是马马虎虎的。老师经常批评她:"你呀你,怎么这么马虎,21写成了12,我看你呀,哪天叫'悦张'得了。"

有一次考试,她考后自我感觉极好,拿到试卷后一看,不理想。

"啊,是怎么回事?"她叫了起来。一看才知

道,在写应用题答案时,她把两道题的答案写反了。

"唉,倒霉呀!"她连连叹息。

我走过去对她说:"这不叫倒霉,叫马虎!"

听了这话,她露出了一丝苦涩的笑容。

遇到问题,张悦的思路也和男生一样,很开阔,很活跃。

有一次,她和一个学国际象棋的同学下棋,我在观战时,感觉他们的胜负已成定局了。看,张悦要输了,那个同学只要上马再走车,就可以拿下她的王了。我以为张悦会飞马去吃对方的兵,她却没有,她把兵走到了车的前面,看起来好像是给后面的车让道去将军。对方直接吃了她的兵,没想到,她把一个藏在棋子间的马飞了过去,直接将了对方的王,好厉害。

"嗨,打球去了!"张悦对她的哥儿们喊道。

"喂,今天下午有考试,你要仔细点哦。"我对她喊道。

"你在说什么呀?我没听清楚。别忘了,今天晚上有英超足球联赛哟!"

我晕。

魅力解读

既然是假小子,当然会有许多与众不同的地方。爱穿运动装、爱踢足球、思路开阔、爱下国际象棋,这些都是赞扬性的描写。如果仅仅这样写,当然不好了,人无完人嘛,于是,作者在"扬"完后又"抑"了一下,把假小子马虎的特点写了出来。如此一来,故事不但抑扬结合,彰显个性,而且充满真实感,这样,假小子这个人物形象就更加丰满了。

我为自己做广告

周戍戍

我是一个活泼可爱的小姑娘，与男孩子一样，我潇洒自由，无拘无束，没有忧愁，没有烦恼。

我很调皮，是一个十足的"捣蛋大王"。

小朋友们在玩"家家酒"，我会拿起石头，出其不意地向他们的"酒店"砸去，然后，溜之大吉，背后当然是一阵叫骂声，我却躲在不远处暗暗高兴；看见有人在种菜，我会拔掉几棵菜秧，种上小草；那几个女孩在跳皮筋，我会过去搅上一把，让她们玩不成。哼，谁叫她们不邀请我参加呢？

我的"顽皮历史纪录"还不止这些呢。

几乎每天都有人"登门造访"——告状，为此，我经常领到妈妈给的"火烧饼"作为奖赏，却屡教不改。这不，上星期我又做了一件"大好事"。

那天下午放学后，因为单元测试成绩不错，我的心情格外好。快到家的时候，我看见邻居刘阿姨在种树，就想到了一个损招。刘阿姨走后，我在树旁挖了一个小陷阱，还铲了一些牛屎在里面，然后，在陷阱上放了些草作掩护。

不一会儿，刘阿姨提了桶水来浇树，我赶快跑开，躲在一边看"好戏"。刘阿姨毫无防备，一

脚踏在陷阱上,一下子跌倒在地上,水全洒在她身上,我却捂着笑得发痛的肚子跑开了。

虽然我很淘气,但也还是个多才多艺的女孩,唱歌、跳舞……我样样在行。

我还爱和别人比高低,至于比什么,我都同意。

爷爷总对我说:"一个女孩子家整天疯疯癫癫的,像啥样?"我却充耳不闻,爷爷也就无计可施了。

我还爱笑,上课笑,下课笑,做梦也笑,有时同学会被我的笑弄得莫名其妙。

这就是我,一个又淘气又可爱的小女孩。

魅力解读

自己给自己做广告,最有发言权,关键是要找准描写点。这篇故事以"调皮"为突破口,先写了这方面的一些细节,后写了一个典型事例,而多才多艺、爱和别人比高低、爱笑则是一带而过,这样,有点有面,"调皮"的特点就深入到每一个读者的心里,让我们记住了这个女孩,这种布局谋篇的方法值得学习。

这个调皮鬼是谁

朱微微

在我们班,有这么一个人,尽管她其貌不扬,却非常引人注目。你从同学们送给她的"蓝精灵"的绰号中,就能猜着她身上准有许多有趣的故事。

你看,她那一排长长的刘海儿,就像门帘从额头上垂下来,把眉毛都盖住了。眉毛下那双眼睛虽不大,却显得很有灵气。美中不足的是,小鼻子上面长了好些小雀斑,不过,她压根儿没想过要为这些小玩意儿而烦恼,她整天快活得像个神仙。

那张小嘴巴蕴藏着她丰富的感情:高兴时,撇撇嘴,扮个鬼脸;生气时,撅起的小嘴能挂住一把小油壶。从这张嘴巴里说出的话,有时能气得别人火冒三丈,有时却能让人忍俊不禁。

这个人不仅感情丰富,还很爱动。一有空,她便拿出铅笔在随身携带的素描本上勾勾画画,画熟了,她三笔两笔地就能够画出一只哈巴狗,或是一只胖鹅。有时,她画厌了,不知从哪个旮旯里摸出一团五彩缤纷的橡皮泥,就捏起来。要么捏个猪八戒,要么捏个大肚子七品芝麻官。无论是画画还是捏橡皮泥,她都喜欢开点玩笑,不是把七品芝麻官的乌纱帽给捏丢了,便是将小狗的尾巴画成了马尾巴,叫人看了,真

要笑破肚皮。就在别人大笑不止的时候,她却一本正经地说:"笑什么?再过几百年,这可都是价值连城的文物哩!"

在家里,这个女孩子鬼点子还蛮多呢。

有一次,她到乡下外婆家里去做客。那期间,她常和表哥到河边去捞鱼虾。虽然她明知自己打水仗不是表哥的对手,却偏偏爱"引火烧身",直到弄得浑身上下湿淋淋的才罢休。

回到家后,妈妈看到她那副狼狈相,就气不打一处来。妈妈一把抓住她,正要动手打她,她却抢先将手往妈妈的胳肢窝里一阵捣鼓,等妈妈手一缩,她就脚踩西瓜皮——溜之大吉了。

当她换好衣服再次出现在妈妈面前时,像什么事也没发生过一样,学着电视中古人的样子,走到妈妈跟前,跪下一条腿低着头说:"拜见母亲大人,女儿请罪!"那副滑稽的神态,把火气未消的妈妈弄得啼笑皆非,只好叹口气:"唉,真是豆腐掉进灰里面——吹也不是,打也不是!"

你们说,这个调皮鬼是谁?如果你愿意为我保密的话,我就告诉你,这个人就是我。

魅力解读

故事先是三画两笔勾出人物的"尊容",然后,简要介绍这个人的特长与爱好。写到反映人物性格特点的地方时,不吝惜笔墨,注意用典型的细节来加以表现。如,生动记叙了在乡下玩耍、顽皮弄得母亲啼笑皆非的举动,通过此,突出表现了"她"的调皮,很有个性特点。在构思方面,作者别出心裁,选用第三人称的写法,在对"她"各方面的情况作了生动的描述之后,指出这个"她"便是自己。这种写法很巧妙,读来既新鲜,又饶有趣味。

跳过心里的栏杆

姜欣然

米露是一个非常漂亮的女生,学习成绩也很好,但她却很自卑,因为在一次车祸中,她失去了一条左腿,不得不安上了假肢。

平时,她总是坐在教室的一个角落,不与别人说话,是一个人闷头做练习,她想用优秀的成绩来掩盖自己的缺陷。任课老师知道了米露的情况,都很照顾她。

每次上体育课,米露总是坐在石凳上,看着同学们又跑又跳。她嘴上不说,心里却十分羡慕,要知道,她也想在塑胶跑道上自由地飞奔。

又是一次体育课,上课了,迎面走来了一个陌生的面孔,这是新来的体育老师,这节课他给同学们做跳高测试。

同学们一个接一个地跳完了,就剩下米露了,体育老师不知道米露的情况,就大喊起来:"那位同学,该你跳了!"

米露的脸一下子红得像一个熟透了的苹果,因为一直以来,体育老师都会在测试本上给米露在及格一栏打上钩,所以,现在米露不知道应当怎样回答。

这时,有一个嘴快的男生对体育老师说:"米露的左腿是假肢,她跳不过去的。"

体育老师恍然大悟,他点点头,说:"噢,是

这样啊。"就示意米露不要跳了,并在本子上给米露打了及格。

米露的自尊心受到了极大的伤害,她突然一反常态,大声说:"别人能跳,我也行。"

同学们都吃惊地看着米露,只见她迈着不稳的脚步,来到栏杆前,体育老师回过神来,忙要给她降低高度,米露却说:"就要测试的高度!"

几次努力,她都失败了,她的大腿钻心地疼痛。

但米露不服,因为那个男生的话深深地印在她的心里,她心想:别人能跳过,我也能,我要创造奇迹,我和别人是一样的。

从此以后,学校里经常有一个瘦小的身影在艰难地起跑、跳跃。下雨了,她也仍然在练习。面对一次次的失败,她没有放弃,她始终坚信:自己可以创造奇迹。

又是一节体育课,她对老师说:"我要再跳一次。"

老师吃惊地看着米露,米露又重复了一遍刚才的话。

老师说:"你的腿……"

"我行!"

于是,米露又一次站到栏杆前,她深吸了一口气,助跑,起跳……米露成功了,老师和同学们都为她鼓起掌来。

米露终于成功了,她不但跳过了面前的栏杆,也跳过了自己心里的一道栏杆。

魅力解读

作者叙述了一名残疾同学如何经过一次次的刻苦训练,最终成功跨越"心里的栏杆"的故事。语言流畅,层次清晰,通过对话,表现出人物的性格特点及心理活动。本文的主题很有意义,表面上讲的是跨越栏杆,实质上却告诉我们,应该如何面对学习和生活中的困难,如何实现人生中的一次又一次跨越。从这个层面上说,本文立意深刻,是一篇励志类的好故事。

赤脚公主

夏圣思

平时,我最喜欢赤脚走路了。

在家里,我常常光着脚走来走去。尤其是每天放学后回到家里,一脚把鞋子踢开,真是快活极了。不过,这样一来,我的一双脚丫子常常是脏兮兮的,让妈妈很不高兴。我才不管呢,照样光着脚在屋里穿梭。

有一天,"报应"来了。妈妈刚拖完地,从二楼赤脚冲下来的我,立即表演了一场精彩的"滑铁卢"。于是,妈妈下了最后通牒:再不穿拖鞋,就要招待我吃"竹笋炒肉丝"。我也打定主意,今后决不再让妈妈逮到我没穿鞋,嘻!

我还喜欢赤着脚在沙滩上漫步。踩在柔柔细细的沙子上,脚底酥酥麻麻的,好舒服。我常和哥哥一起玩"接脚印"的游戏,比赛看谁能够接得又长又直。海浪一来,大大小小的脚印通通消失了,我们就继续进行下一回合的比赛,真有趣。

有一次,我回乡下玩,那天刚下过雨,路上到处是泥巴。我赤脚走在田野里,一会儿仰头摘野花,一会儿弯腰和蚯蚓打招呼,玩得不亦乐乎。后来,我把泥巴路当成一张大图画纸,在上面东奔西跳,创作了一幅毕加索风格的"脚印画",真有成就感。

外婆听说赤脚走"健康步道",可以促进血液循环,就要我陪她去走走看。当我赤脚踩上那一颗颗坚硬的石头时,立刻痛得龇牙咧嘴,真想打退堂鼓。突然,我发现有个小男孩竟能若无其事地在上面跑跑跳跳,不甘示弱的我只好硬着头皮,忍痛走完了两圈。咦?怎么觉得头脑清楚了不少,感觉不错哦。从此,只要一有空,我就会陪外婆去那里走上几圈。

最近,我又迷上了另一个有趣的赤脚运动,就是在教室门前的空地上学青蛙跳。没有了鞋子的束缚,我跳得比以前更高更远。同学们都称赞我有一双弹簧腿,封我为"青蛙公主"。说也奇怪,妈妈知道了这事后,不但没骂我,还为我加油打气呢。

我喜欢赤脚走路,我是个快乐的赤脚公主。

魅力解读

作者真不愧是"赤脚公主",全篇写的都是她赤脚的快乐:在家里赤脚,遭遇"滑铁卢";在沙滩上赤脚,和哥哥玩"接脚印"的游戏;在乡下的泥巴路上赤脚,创作毕加索风格的"脚印画";在石子路上赤脚,促进血液循环;在教室门前的空地上赤脚,练青蛙一般的弹簧腿,内容很丰富。通过此,从一个独特的角度把自己童年的乐事展示出来。

我是女生,快乐的女生

李炜青

有人说:"女孩是天上的虹,美丽、灿烂,却又琢磨不透。"

女孩子笑着说:"我只是自己,只为自己的梦想而奋斗。"

我骄傲,因为我是女生。

女生聪明,做事细心,在这些方面,很多男同学都不如我们。

瞧瞧,每逢考试,年级的前几名不都是被我们女生占据的吗?

女生身材也许弱小些,胆子却不小。古代有花木兰替父从军,保家卫国。如今有不少女生凭借顽强,凭着自己的毅力为人类的科学事业作出贡献。

看看,居里夫人不正是克服了巨大的困难,两次获得了诺贝尔奖吗?再看看,奥运会比赛场上女选手的飒爽英姿、文坛上的"红袖添香",谁说女子不如男?

我自信,我是女生。

女生是母亲的贴身"小棉袄",平时会关心父母,体谅父母的辛劳。女生可以学着做针线活,如坐在母亲的旁边学钩花,帮着挣些钱,补贴家用。

再有,女生灵巧的小手,会把家里打扫得干

干净净。女生,是做家务的好手,"心灵手巧"是女生的代名词哦。

我很自信,因为我是女生。

留一头长发,编成漂亮的辫子,扎上好看的蝴蝶结,穿上妈妈买的新裙子。旋转一下,裙子像盛开的花朵。爸爸说,我是他和妈妈亲手栽培的玫瑰花。

我勤奋,我好学,我自信,我是女生,快乐的女生!

魅力解读

女生,不再是弱小的代名词,她们外表柔美,内在坚强,她们长大后,在各行各业都有出色的表现。正如作者所说的:谁说女子不如男?语言简洁,层次分明,字里行间流露出作者自信、快乐、上进、自豪的情绪,具有很强的感染力。

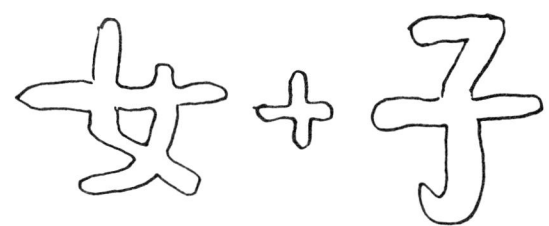

平平常常一朵花

崔平花

我在同辈中排行老三,家里人就叫我"三儿"。三年级时,我渐渐懂事了,我要给自己取个正式名字,姐姐叫"金花",我就叫"银花"吧。当我把这个想法告诉爸爸时,谁知他把脸一沉,说:"你姐姐能叫金花,你呢?"爸爸的意思我明白,谁让我长得难看呢,我心里难受极了。

我拿着镜子,左照右照。不照则罢,一照,不禁心头一喜,原来我长得并非丑到极点。于是,我就给自己起个"平花"的名字。我还想起了一句名言:"一个人的美与丑,不在于外表,而在于心灵。"于是,我的心里一下子亮堂了。

从此,我便发奋学习,刻苦用功。上课时,我全神贯注地听讲,遇到不懂的地方主动问老师和同学,做作业也一丝不苟。下午活动课时,同学们都出去玩了,我还在不声不响地复习,巩固课堂上学的知识。

功夫不负有心人,终于,我以语文数学双百的优异成绩取得了全年级第一名,我的作文也在刊物上发表了。之后,同学们开始对我刮目相看了。

有一次,劳动课上,我看见同桌佳佳一个人吃力地拎着一大筐砖瓦走过来。她人矮力小,涨红了小脸。在以前,我是不会上前帮她的。我这么难看,别人会讨厌我的,可是,看佳佳的样子,多累啊,我便毫不犹豫地帮她抬起了筐子。

佳佳告诉了老师,老师当众表扬了我。在一片掌声中,我不好意思了。我体会到,心灵美的人是会受到人们尊敬的。

我愿永远做这样一朵平平常常的花,我相信这朵花将来一定能为社会结出不平常的果实。

以前,每当班级选值周生的时候,我都因为不关心同学、不关心集体等原因落选。看到同学们当上值周生,我非常羡慕。

老师看出了我的心思,一天,他把我叫到跟前,说:"如果你想当值周生,从现在开始就努力争取吧。记住,只要努力,就一定会成功的。"

从那天起,我记住了老师的话,我开始从许多方面努力:每天我都最早到学校,为班级做一些力所能及的事,比如洒水、开窗通风、给花浇水,等等。在学习上,我更加努力。由于不爱运动,以前我的体育成绩总是不理想。现在我加强了体育锻炼,每天跳绳、跑步。自己学习好了,我还要帮助别人,让他们也学习好。只要谁有不会的问题,我都会第一时间去帮助。看着被帮助的同学笑了,我也非常高兴。

时间一天天过去了,经过几周的努力,我的汗水没有白流。又一次选值周生的日子到了,同学们都选了我,我的心里比抹了蜜还甜。

我不仅当上了值周生,还明白了一个道理:只要努力,任何时候都不晚;只要努力,谁都有成功的机会。

魅力解读

生活中,作者在名字问题上一直感到困扰,但她没有消沉,而是从一句名言"一个人的美与丑,不在于外表,而在于心灵"中得到了启示,从此,发奋学习,关心集体,助人为乐。渐渐地,自己的生活、思想有了变化,同学们也都对她刮目相看了。读完这个故事,我们明白了一个道理,并深受教育和启迪。

辣妹逸事

庄 臣

我们班上有一位辣妹,大家是不是想认识她?那就请你跟我来吧。顺便说一句,她叫王小丫,不过,她可不是在中央电视台主持节目的王小丫。

"庄臣,快点把你的数学作业给我,否则的话,可不要怪我对你施加暴力了!"这一声"河东狮吼",犹如一个响雷在我头顶上炸开,吓得我赶紧把数学作业本恭恭敬敬地双手捧上,见此,王小丫拿着我的作业本满意地走了。

初见端倪了吧,她就是我的"野蛮女友",全班同学都称她"辣妹"。我的这个辣妹同学呀,性格豪爽,有爱管闲事的特点,只要路见不平,就会拔刀相助,蛮有大侠的风度。

"明明是你撞了我,还抵赖!"

"胡说,明明是你撞了我!"

一次,班上有两个同学在吵架,他们唇枪舌剑,互不相让。

这时,"大侠"出现了,她大声说道:"喂!怎么了,同学之间嘛,要相互礼让,和睦相处……"

辣妹大道理套小道理,口水不断地喷在那两个吵架的同学的脸上。为了使辣妹别再说话,两个当事人只好握手言和了。

辣妹见了,说:"这样就对了。"

我这辣妹同学伶牙俐齿的,要是把她给惹火了,准保你会倒霉。

瞧吧,又一位仁兄被她打得"落花流水",怎么回事呢?

原来,这位仁兄跟辣妹开了一个玩笑,把辣妹的东西给藏起来了。辣妹东找西找也没找到,向那个同学要,那个同学就是不给。这下可把"大侠"气坏了,她立马给了对方一个"降龙十八掌"。那位仁兄一个跟跄,好不容易才站稳了脚跟,见这架势,他吓得赶紧把东西还给了辣妹,在大家的哄笑声中,他夹着尾巴灰溜溜地跑了。

平时,辣妹说话、做事简直和男生一模一样,就连我们的自然课老师也曾半开玩笑半认真地说:"我看到你在女子足球队里踢足球,才知道你是女生。"

辣妹听了这话,心里有些不快,就下定决心做一个淑女。

一次,兴趣小组的活动结束后,她悄悄地对我说:"我准备做一个淑女,下星期一要大变样,到时你可别目瞪口呆啊!"说完,她便一溜烟地跑掉了。

我心想,她能变出什么样?不出洋相就不错了,不过,我在心底还是默默祝愿我的这位辣妹能成为一个真正的淑女。

星期一,我像往常一样往学校走去。突然,一只手搭在我的肩上,回头一看,是我的辣妹。只见她身穿"李宁"运动装,一双风火轮鞋穿在

魅力解读

"大侠"在同学中一定有,作者班上的这位"辣妹"就是一位地地道道的"大侠"。作者抓住"辣妹"的性格、语言、行为、服饰等特点,进行描述,文笔很生动,细节很典型。"辣妹"的形象栩栩如生,跃然纸上。

脚上,头发被风吹得像草堆。我瞪大了双眼看着她,就像在看一个陌生人。

还没等我发问,她便打开了话匣子:"当淑女太难了,简直是一种苦难,好难受啊!我觉得,还是现在这样好。"她边说边学着郭富成的样子,摆了一个 pose,大步流星地奔向校门。

虽然"辣妹"做淑女没有成功,但她仍然是我最好的朋友。

超酷派之二：帅哥大写真

本人个儿不高，动作利索，人送外号"陈小鼠"，现在已经光荣入选班级"老鼠协会"，是一只不折不扣的"小老鼠"（不偷粮食的啊）。"老鼠"虽小，可会用计。三十六计，不在话下，敢与三国中的姜维媲美。咋，不信？那就让你见识见识俺是怎样行走"江湖"的吧。

"陈小鼠"演义

陈 曦

本人个儿不高,动作利索,人送外号"陈小鼠",现在已经光荣入选班级的"老鼠协会",是一只不折不扣的"小老鼠"(不偷粮食的啊)。

"老鼠"虽小,可会用计。三十六计,不在话下,敢与三国中的姜维媲美。

咋,不信?那就让你见识见识俺是怎样行走"江湖"的吧。

一

这天,主角"机灵猫"刚走进教室,我就开始实施自己酝酿已久的作战计划。我事先埋伏在他的座位旁,静静地等待着。目标出现了,暂停,我先介绍一下"机灵猫"。他的真名叫宋磊,男,身材不高,但脑瓜那叫一个机灵,江湖人称"机灵猫"。就是这样一只"威震江湖"的"机灵猫",碰到俺,嘿嘿,一丁点儿办法也没有。不信?你接着往下看。

宋磊迈着八字步,哼着小曲,悠哉游哉地来到座位旁。

我猛地一下跳了出来,他一惊。我趁机伸出"鼠爪",往他的要害部位——肚皮上一通乱挠,宋磊受不了了,立即跳起了"陆地沙滩舞"。

也真不愧"行走'江湖'多年",没多久,他便

反应过来,于是,抡起手臂奋力反抗。好"鼠"不吃眼前亏,我转身就跑。

宋磊受此"羞辱",哪肯就此罢休,他立刻放马来追我。宋仁兄深知我溜得快,他追了一会儿,便转身要回去。见此情景,我使出独门绝招——"死缠烂搅"功,回转身来,继续挠他。

几次交手以后,他终于支撑不住了,举手告饶,摇摇晃晃地回到座位上,无可奈何地回头看着早已笑岔气的我。

二

班里的"孙先生"(原有外号"孙企鹅",自称"世代行医",同学们有时也尊称其"先生")是位"搔痒专家",他的名声可大了,还打出了条幅:"孙家搔痒,专治疼痛,保证你搔完还想挨第二搔"。

就因为这,我打心眼里不服,早就想跟他过过招。

同学"赛诸葛"孔之明听说我要与他一决高下,专程赶来好言相劝:"听说他最近'搔痒功'修炼得十分厉害,江湖上风传一句话——'三人斗不过一只企鹅'。你现在罢手还来得及,别逞一时之能,而毁了自己的一世英名。三思呀,三思呀……"

谢过他的好意,我还是低声吟咏着"风萧萧兮易水寒,壮士一去兮不复还",慷慨赴约。此时,我已想好了对策:要采用"明修栈道,暗度陈仓"之计。

魅力解读

　　作者选取了"陈小鼠"行走江湖的两桩故事,把"陈小鼠"的机智灵活、动作利索、善于用计这些特点表现得淋漓尽致。更难能可贵的是,故事中的几个配角,例如,"机灵猫""孙先生""赛诸葛",也都塑造得很鲜活、很有个性,我们仿佛看到了这些古灵精怪的小鬼在"斗智斗勇"。感谢作者,给我们呈现了这么精彩的故事。

　　我满脸笑容地走过去,手脚没乱动,嘴巴也管得好好的,两只眼睛滴溜溜地跟着他转。他心存戒备,疑惑地看着我,准备对我采取行动。

　　我满脸堆笑:"听说孙先生最近加紧修炼,功力大增,我估摸着和你相比,我是小巫见大巫,在下甘拜下风!"

　　他脸上有些得意:"这还差不多,难得你有自知之明,就是呀,哪能以卵击石呢,呵呵……"

　　我见他彻底没了戒心,赶紧使出浑身解数,施展我的绝世挠功,把"孙先生"打了个措手不及,抱头"鹅"窜。

　　这就是我——"陈小鼠"行走江湖的故事。也许每个班里都有几个像我这样的"反派",这样,紧张的校园生活才更有趣,你说呢?

我的同学"拖拉机"

汪祥林

看到这个题目,你可能会问:"你们教室怎么这么大,能开拖拉机?"其实,这台"拖拉机"就是张金龙同学。一提起他,作为他的组长,我真是"哑巴吃黄连,有苦说不出"。

作业拖拉

有一天中午,班主任出了几道课外作业题,让大家做。同学们都在争分夺秒地做着,唯独张金龙还站在座位边玩悠悠球。只见他手中的悠悠球忽上忽下,忽左忽右,闪闪烁烁,像一个可爱的小精灵在舞蹈。张金龙笑嘻嘻的,看来他玩得很开心。

我看了以后,气得两眼冒金星,就说:"张金龙,快点做作业吧,下午第一节课前要交的!"

"不急,不急,心急吃不了热豆腐。"他总是这样不紧不慢地回答,搞得我哭笑不得。

上课了,班主任一进教室,就冲着我喊:"汪祥林,你们组的作业为什么没交齐?"

"老师,张金龙的作业没交。"我说。

老师一听,便过来质问张金龙:"为什么又没完成作业?"

张金龙吞吞吐吐地说:"我……我……我刚才玩了一下悠悠球,作业还差一点没做完。"

老师一听他玩球，火冒三丈，连忙使出"河东狮吼"："玩，玩，你一天到晚就知道玩，难道你不知道'玩物丧志'吗？"

张金龙知道自己没理，就一言不发，赶紧低着头做起作业。

接下来，班主任又过来对我说："身为组长，却不能督促同学完成作业，你配当这个组长吗？"顿时，我的脸上火辣辣的，心里真不是滋味。

扫地拖拉

一天早上，张金龙挺着将军肚，不慌不忙地走进教室。他扫视了一下黑板上的值日表，惊讶地叫道："呀，今天怎么又是我扫地？劳动委员是不是得了健忘征？我昨天可是刚扫过地啊。"

"我没记错，你昨天是扫了地，可是你没有扫干净，被值日干部扣分了，所以，要罚你扫地三天。"劳动委员大声说。张金龙只好抓起扫把，不，是"武器"，走出了教室。

他来到操场，双手挥动扫把，一帚扫到东，一帚扫到西。顿时，操场上树叶翻飞，尘土飞扬，就好像武林高手在练武功。

扫了一会儿，他又举起扫把，用中指顶住扫把柄玩起了杂技。只见扫把柄在他的中指上倒立着，颤颤巍巍的，好像一不小心就会倒下来。一位女生从他身边走过，他的心里一阵紧张，手颤动了一下，扫把随即倒了下来，正好打在那位

女同学的头上。

那位女生大声吼道:"你练的什么屁功,把我的头打伤了,你赔得起吗?"

张金龙连忙点头哈腰,赔礼道歉。那位女生见他这样,只好无可奈何地走了。

这位女生前脚刚走,他后脚便练起了孙猴子的金箍棒功。只见他举起扫把这边舞一下,那边挥一下,整个人还上蹿下跳,这真是应了那句老话:"江山易改,本性难移。"

一会儿,少先队检查干部来了,见我班的卫生区没扫干净,就扣了两分。

张金龙连忙求饶:"好大哥,你大人有大量,不要扣我班的分,我立即把它扫干净,行吗?"

"不行!"检查干部斩钉截铁地回答。

后来,这扣分的事被班主任知道后,气得双眼圆瞪,看来,张金龙又有几天好果子吃了。当然,我这个组长也一起跟着遭了殃。

张金龙啊张金龙,现在都 21 世纪了,人们都坐疾驶如飞的"奔驰",你怎么还做"拖拉机"?如果你还一意孤行,继续开"拖拉机"的话,怎么能驶入网络时代的高速公路?

魅力解读

设问式的开头,反问式的结尾,提升了故事的整体张力,再借助于两个实例,就丰满了人物——"拖拉机"的形象,读后,不由得产生了类似文中组长的愤懑:恨铁不成钢。故事中,"拖拉机""奔驰""高速公路"都是象征的手法。其中,"拖拉机"象征张金龙同学做事拖拉的性格,贴切形象,很有表现力。

我们班的"F4"

赵 滨

"好,今天的课就上到这里,下课。"语文老师的话音未落,我们班的"F4"就一溜烟地跑出教室,没有影子了。

平时,我们班的同学一看见这四个人,就像避瘟神似的,躲得远远的。可真要小心行事,不然"红纸条"就会降临在你的课桌上,让你吃不了兜着走,可见这几个人的威力可真是势不可挡啊。既然这四个人的名声这么大,我就给大家一一介绍一下。

首先,当然应当介绍他们的老大——林杉,人称"道明寺"。这个"道明寺"你可惹不起,如果不小心招惹了他,他就会对你实施暴力。平时,班里只要有打架事件,准少不了他。不过,这个"道明寺"对女生很温柔很绅士,大概他把女生都看成"杉菜"了。

接下来,给大家介绍一下老二——陈明,人称"西门"。你可千万别被他温柔的外表所迷惑,别看他平时文文静静的,一旦生起气来,就是十头牛也拉不走。他的拳头很厉害,出手很重,路见不平的时候,他就会让自己的拳头说话,为我们班的同学出气。

你也许会问:谁是"花泽类"?别急呀,老三马上出场,他就是江杰。他的性情与"花泽类"

很相似,平日里温温柔柔,对别人的事情不感兴趣,但他老爱捉弄女生,怪不得"道明寺"常常和他翻脸呢。他的外貌没有"花泽类"那么帅气,人称"小老鼠"。他矮矮的个头,瘦弱的身材,称他"花泽类",真有些勉强。

最后一位就是"美作"——刘君了。他擅长吹牛,爱打扮。只要一开口,他的话就如滔滔的江水,连绵不绝。看他吹牛时那自我陶醉的样子,真不忍心打断他的话。这个牛皮大王也有自知理亏的时候,那时的他就像一只温顺的小绵羊,乖乖地倚在大伙的身后,不再发表长篇大论了。

介绍完了我们班的"F4",我们再来看看他们的"罪状"吧。

一次上音乐课,不知因为何事,都半节课过去了,他们几个才在领头人物"道明寺"的带领下,浩浩荡荡地闯进教室。老师批评了他们,他们竟有满肚子的理由,不断地反驳。接下来发生的事情就可想而知了,他们自然少不了要挨老师的一顿很"K"。

我们班的"F4"啊,该"K",该"K"。

魅力解读

本文写了四个人物,作者巧妙地用"F4"这根线把他们穿在一起,产生了很好的表达效果。"F4"是很多同学喜爱的大明星组合,谁不想看看这个班上的"F4"是什么模样?依照这样的思路,作者搭建了一个很有表现力的框架。事例典型,文笔生动,虽然着笔不多,但人物形象栩栩如生。

我牛不?

曾 超

走进小四(9)班的教室,你会发现后排坐着一个穿牛仔服、样子很酷的"帅哥",那就是我。我祖祖辈辈都姓曾,同学们却说我姓牛。想知道这是为什么吗?请听我说。

爱穿牛仔服

所有的服饰中,我对牛仔服情有独钟。我觉得,穿牛仔服随意,有个性。

有一段时间,大街小巷流行穿补丁牛仔。我很喜欢,就嚷着要妈妈给我买,妈妈不肯,我就偷偷地在自己新牛仔裤的膝盖处剪了几个洞,又用碎布缝上。

第二天,我穿着这条牛仔裤上学,同学们见了,纷纷嘲笑我说:"嗨,你还真够艰苦朴素的,这个年代还穿补丁衣服。"

听了这话,我不屑地笑了笑:"哼,你们懂什么?这就叫时尚,这就叫个性。"

爱发牛脾气

平时,我做起事来一丝不苟。

一次,有个家长来学校接孩子,临走时,她顺手把一张面巾纸丢在地上。这情景正好被我看见,我就走过去,请她捡起来,她却置之不理。

我气极了,就说:"请你把自己扔的面巾纸

捡起来!"

她瞪了我一眼,没有说话,转身就走。

我立即拽住她的衣服,说:"你是大人啊,就这样给孩子们做榜样?"

这位家长被我说得面红耳赤,只得把面巾纸捡起来,扔进了垃圾箱。

爱钻牛角尖

在学习上,我喜欢打破砂锅问到底,老师常说我爱钻牛角尖。

在一次公开课上,老师给我们讲居里夫人的故事。老师快讲完时,我举起了手。

"你有什么问题吗?"老师微笑着问我。

"老师,居里夫人叫什么名字?"

老师说:"居里夫人是举世闻名的科学家,是法国科学家居里的妻子。"

"老师,居里夫人自己没有名字吗?"

"有哇!"老师说。

"那为什么不叫她的名字?她的名字叫什么?"

老师被我提出的问题给噎住了,她没料到我会问这样的问题。同学们都用不满的目光看着我,同桌还在课桌下狠狠地踢了我一脚,我这才醒悟过来,这是公开课啊,教室后面坐着校长和一些外校的老师呢。

虽然有过这样的教训,我依然改不了这个"毛病",经常弄得老师下不了台。

瞧,这就是我。你说,我牛不?

魅力解读

读了该文,我们觉得,作者真是牛气十足。行文中,作者抓住"牛"这个特点,用几个典型的事例将这一特点展现得活灵活现。这种从一个特点入手从不同的角度展开的构思和表达方法,不失为一种写人的好方法。

我也是块金子

郭大新

站在凉爽的秋风中,仰望着天空飞翔的群雁,我不禁想起旧时的事情,想起那年秋天美好的故事,那个故事始终撞击着我的心灵,让我不禁回味起那段难忘的日子。

三、四年级时,我很顽皮,确切地说,应该算是很"坏"吧。在同学们的眼中,我一无是处,我无可救药,我冥顽不化,我疯疯颠颠,总之,大家对我的印象很坏。正是由于同学们的态度,我决定干一番轰轰烈烈的大事业,好让他们对我刮目相看,特别是让那个新上任的班主任看看。

班主任是一位很帅的 boy,他有一个贤惠的妻子,有一位美丽的小千金,应当说,他很幸福,不幸的是,我这个出了名的捣蛋鬼在他班里。

平时,他对我关爱有加,只是我从不领他的情,认为他这是在贬损我,我听信了一些狐朋狗友的话,比以往更加调皮了。那时的我整天无所事事,东游西逛,视纪律如儿戏。在学校,我天天看画书,隔三岔五就旷课。更可恶的是,还拖人下水,上课说笑话,致使同学们都不愿和我同桌。

如果一直这样下去,就没意思了。还好,总算有了一个机会,可以让我们这些成绩不好、身体却很棒的调皮鬼们表现表现了。

一天,学校宣布:要开运动会,要选拔运动员。

我拍手叫好,这下俺可以一显身手了!于是,我找到班主任,向他说明我的"远大抱负"。

班主任扶了扶他那个快掉下来的眼镜,竖起耳朵,睁大眼睛,认真地听着,我拍着胸脯保证不会辜负他的厚望,真没想到,他竟然同意了。

从此,我每天练得腰酸背疼,不过,却兴奋异常。

还别说,在那次运动会上,我得了个短跑三等奖、长跑一等奖!

从赛场上下来,我总算看到同学们和班主任那欣慰的笑容了。

哇,我特兴奋!

魅力解读

对比的手法运用得很好。原先由于调皮捣蛋,自然成了众人的"眼中钉",好在终于有个机会能够让自己在大家面前扬眉吐气了。经过努力,自己的愿望终于实现了,也体会到了"付出"的乐趣。故事妙就妙在没有一个字眼说"我要付出",而是用行动说话,从一个独特的角度表现出人物顽皮、活泼的特点。

小小男子汉

徐 昕

1.50米左右的个子,微微隆起的胳膊,已有了些棱角的脸庞,这便是我们小小男子汉的外貌。

课间,我们喜欢比手劲,喜欢海阔天空地聊天。现在,活蹦乱跳,剪女同学的皮筋、头发的时代已经一去不复返了。球场上,我们个个生龙活虎;百米跑道上,我们大显身手。现在的我们既不像小孩,又不像大人,这就是我们小小男子汉的特征。

下课了,不用互相打招呼,大家就会不约而同地聚在一起,兴高采烈地说天道地。听,今天又谈些什么了:"嘿,昨天我看了《福尔摩斯》,英国大侦探福尔摩斯办案运用推理,逻辑性很强,那些抢劫犯、盗窃犯一听到他的英名,个个闻风丧胆。"福尔摩斯的崇拜者王涛口若悬河。

说起王涛,他可是我班赫赫有名的故事大王啊!班里的故事会,校长、教导主任、大队辅导员都应邀而来,王涛与女生代表戴韵两军对垒,我们观战。戴韵讲完了故事,大家热烈地鼓掌。她自豪地一笑,似乎在说:"冠军肯定是我的。"殊不知,王涛讲了一个自编的故事,他讲得有声有色,还手舞足蹈地表演起来。当他讲完时,雷鸣般的掌声中还夹杂着我们小小男子汉

的喝彩："OK，男生行。"校领导们也站起来鼓掌说："不错，有点艺术天才！"

如果说课间是口才表演的好时机，运动会就是我们大显神通的好时候。400米长跑时，一声哨响，比赛开始了，我们一下成了最忠实的拉拉队。选手们个个充满信心，他们如离弦之箭，你追我赶，个个都要争当世界飞人。渐渐地，我班的李永传同学落后了，我们大声喊："男子汉，加油！"在大家的鼓舞下，他不负众望，后来居上，一举夺冠。赛后，我们众星捧月般地把他拥进教室。大家翘起大拇指，对他赞不绝口，称他是好样的。

要说为班争光，我们小小男子汉可是出了大力。

就说汤鹏飞吧，他的"段氏青龙剑法"敢于和大人比试，在市里的武术比赛中还得过奖。我班的王恒心同学，天天起早摸黑练习书法，已坚持两三年，他的书法作品曾经在国内获奖，并且赴日本、美国展览。最近，他还被"欧阳修艺术研究会"吸收为会员了呢。

平时，我们小小男子汉个个敢做敢当。有时，我们做了错事，老师、家长追究起来，我们个个挺身而出，一副大义凛然的样子："是我做的，以后改正。"我们的举动，常常弄得老师、家长无可奈何："唉，你们这些小淘气啊！"

这便是我们小小男子汉的故事。有时我们是个懂事的大人，有时是淘气十足的小孩，你说对吗？

魅力解读

小小男子汉是什么样子的呢？作者先以自己细心的观察，写出了小小男子汉的外貌特征，接着，以生动活泼的笔调写了他们的故事：故事大王王涛的出色表演，李永传同学的400米夺冠，剑术高手汤鹏飞出手不凡，小书法家王恒心在国内获奖等。这些同学为小小男子汉争了光，为集体争了光，字里行间，充满了自豪感。当然，小小男子汉也会犯错误，但他们敢做敢为，令人敬佩。故事中，作者写出了小小男子汉有时"是个懂事的大人，有时是个淘气十足的小孩"的特点，很有说服力。

我们班的男孩

官 涛

　　打一个响指,吹几声口哨,我们班的男孩就聚到一块儿了。

　　"踢球去!"我们班的男孩立刻就在运动场上狂奔起来。

　　八仙过海各显神通。瞧,曾鹏凌空一脚,李强当头一顶,张雷左路射门,踢在门柱上,我跟在后面一脚补射。"好球!"先是体育委员的喝彩,接着,便是男孩们的齐声喝彩:"OK,球进了!"嘿,我们班的男孩真棒!

　　我们男子汉不仅能够驰骋操场,还可以笑傲文坛。

　　作文课上,"今天,我们写作文《越野赛跑之前》。"没等老师说完,女孩子就叫苦连天。男孩子则个个胸有成竹,铺开稿纸,就"沙沙"地写起来。

　　我是班上的小作家,最先写完,拿给老师看。

　　老师高兴地说:"官涛同学写得又好又快,让他给大家读一读。"顿时,教室里响起了热烈的掌声。再看看那些女孩子,哈哈,她们一个个都还在冥思苦想,争当"小座家"。

　　爱侃是男孩子的天性,喧闹声中,可以听见我们的海阔天空。从美军的F16战斗机谈到法

国巴黎的埃菲尔铁塔,从迷你四驱车谈到宇宙太空垃圾,从动物界的蚂蚁谈到地震自救……可以说,我们侃的内容无奇不有。

生活中,更少不了我们这帮男孩。帮个忙呀,助个人呀——小菜一碟。这不,一位女生的自动笔坏了,摆弄了半天也没修好,只好请男同学帮忙。

"找我就对了,没问题,包在我身上了。"刘阳可不是说大话,没等女孩看清,刘阳就说:"好了!"女孩哪里相信,一试,神了,真修好了。

"太谢谢了……"没等女孩说完,刘阳就爽朗地一笑,说:"不客气。"

最让女孩们佩服的,是男孩们既会读书又会玩。男孩们一贯坚持"大考大玩,小考小玩,不考不玩"的原则,玩、玩、玩个痛快,学、学、学个认真。期末考试见成绩,全班前十名中九个都是男孩儿。

嘿,这就是我们班的男孩。淳朴可爱,蓬勃向上,热情洒脱,积极进取,够帅的吧!

魅力解读

故事给人以积极向上、乐观活泼的感觉。我们班的男孩,能踢球、会写作文、擅学习、爱帮助人、懂生活,真是让人无比钦佩。材料典型,文笔清新,踢球、写作文、修笔等情节在作者笔下栩栩如生,让人身临其境。只有细心感悟生活,才能写出如此的佳作。

同学马伟

黄思为

我的同学马伟个子不高,胖胖的,一双大大的眼睛很可爱,下面就请马伟先生闪亮登场。

"小气鬼加暴力狂"

"呀,哪里逃!"不用说,这肯定是我们班的"暴力狂"——马伟的声音,下面就让我们看看到底发生了什么事吧。

原来,前天,我没带钢笔,就向他借钢笔:"马伟,用一下你的钢笔好吗?"

他竟说:"我为什么借给你,谁叫你没带,活该!"

我回应说:"哼,不借就不借,谁怕谁呀!"

他生气了,说:"什么,你这个臭小子竟敢这么跟我说话,看我怎么收拾你!"说完,拿起尺子就要打我。

我吓得拔腿就跑,一口气跑进了男厕所,把门反锁上,才停下来。他一路追了过来,用尺子使劲打门。他每打一下,我的心就颤抖一下,害得我一直处于紧张状态,等敲门声停下来了,我才长长地舒了一口气。

"唱歌狂"

"蚂蚁呀嘿,蚂蚁呀哈,蚂蚁呀哼哼。"不用

说,这肯定是我们班的"唱歌大王"——马伟。

马伟坐在我后面,一天到晚不停地唱美美的《不怕不怕》之阿衰版。

说他是在唱,还不如说是在制造噪音,吵得我心烦意乱。

我曾劝过他:"你别再唱了。"

可他只向我翻翻白眼,一声不吭,真拿他没办法。

"狡猾的家伙"

我们班的马伟还很"狡猾"。

有一次上语文课,上课的时间到了,语文老师还没来,马伟就出去"侦察"。谁知,他刚出去就撞上了语文老师。

他急中生智,说:"老师,我来帮你拿作业。"

老师被骗了还不知道,竟夸他说:"你真乖!"

我心想,这家伙可真狡猾,本来是出去侦察情况的,竟说是出去帮老师拿作业。最令我羡慕的是,最后他还受到了老师的表扬,看来他的脑筋转得真快。

我们班的马伟真是个多面体。

魅力解读

以写人物的外貌开头,接着,用小标题的形式,将主人公暴力、爱唱歌、狡猾这三个特点表现得淋漓尽致,构思很巧妙。具体写时,动作、语言、心理描写很到位,人物形象活灵活现。本文还有一个特点——小标题中双引号的使用很恰当,表明了作者特殊的情感态度。

他是体育小能人

封彦哲

我的心目中,有一位体育小能人,他就是我的好朋友——裘嘉西。他高高的瘦瘦的,有着大大的眼睛、可爱的西瓜太郎式的蘑菇头。每次一看到他,我就想笑,因为他的头像一个倒扣上去的圆锅,有时"锅底"还冒"烟"(他头上部分翘起来的头发)。他的体育可棒了,我觉得他有"三绝"。

第一绝:跳绳快

冬天,打篮球、跳绳、踢毽子,这三项体育运动最受我们班同学的喜爱,其中,跳绳方面小西最厉害。

瞧,随着体育老师一声哨响,小西开始跳了。只见他轻轻一抬腿,人跳起来老高,像皮球一样来回地拍着。手里的绳子则像彩环似的飞舞起来,呈现出球形,仿佛永不停歇。鲜艳的红领巾在他的胸前飘动,蓬松的头发也上下来回摆动,那姿态犹如雄鹰展翅,"刷刷"的响声不绝于耳,一旁的我不禁拍手叫绝。

第二绝:投篮准

篮球是男生最喜爱的体育项目了,小西也不例外。

简要地做了"战略"部署,比赛就开始了。

只听一声哨响,篮球便从我的手中快速传出。小西一跃而起,接住了篮球,娴熟地运着球。眼看着他被三个同学包围,快要丢球了,只见他巧妙地做了个传球的假动作,腾空一跃,手一挥,将篮球准确无误地送进篮中。

有小西在,每次打比赛,我们班几乎都是很轻松就能够夺得冠军。

第三绝:投掷远

沙包投掷作为必考项目,让很多同学头疼不已。我每次都是勉强及格,小西却是成绩优异。

考试时,只见小西从篮子里拿出沙包,助跑了一段,突然右手向上抬起,左手向后倾,臂一伸,手一甩,沙包就像手榴弹一样飞了出去,在远处的草坪上砸出了一团尘土。小西,你太棒了!

嘉西是个体育小能人,衷心祝愿他在体育方面能够取得更大的进步。

魅力解读

确定好写作对象,接下来,就要用事实来说话。故事中,作者采撷了生活中的三个典型事例,运用小标题的形式,将小能人裘嘉西的体育特长娓娓道来,让人看了,会不由得为裘嘉西的表现竖起大拇指。同学们,快快动笔,把自己心目中的小能人写出来吧。

我们班的搞笑大王

符潇艺

我们学校的英语辅导班里,每天都有欢声笑语,这当然要归功于我们的搞笑大王——曾寅初了。

曾寅初长着大大的脑袋,左脸上有一个小小的痣,这让他显得更可爱了。他的头发前边向上翘起,耳朵像顺风耳,嘴唇薄薄的。同学们常戏称:"嘴皮子薄的人脸皮厚。"曾寅初就是个很好的例子。

他总是偷偷带零食到班里吃,一旦被老师发现了,就拼命装出一副知错的样子。老师规定上课是不能吃零食的,可他偏偏喜欢在上课时吃零食,搞得老师就差用木板打他了。

曾寅初说话时总是装出一副不可一世的派头,过了一会儿,他就又换成"娘娘腔"和我们讲话,就连上课,他也爱做一些古怪搞笑的表情和动作,来扰乱课堂秩序。

老师警告他:"你再这样,我就打你的手了。"

他就马上说:"我知道错了,老师别打我!"不过,他说归说,做归做,过不了两分钟,他又做出搞笑的表情,逗得我们捧腹大笑,我肚子都笑痛了,就连老师也笑着说:"曾寅初啊曾寅初,你真是一个活宝!"

前两天,曾寅初把我的自行车弄坏了,我气急了,就告诉了老师,老师扣了曾寅初的分,总算替我出了口恶气。

曾寅初听说自己要减分,就装出一副很委屈很可怜的样子,用那种"娘娘腔"的口气对老师说:"为什么?为什么?我这么听话,还要扣分啊。"这回我们的肚子又笑痛了。

告诉你一个小秘密:曾寅初的英语不是很好。但是"女演员"这个我要记好久才能记住的单词,他却一下子就背熟了。我问他诀窍在哪里,他说他长大了打算娶女演员做老婆。你说,他逗不逗?

魅力解读

写人物,贵在写出特点,写出童趣,本文就是如此。作者笔下的曾寅初同学,嘴皮子薄脸皮厚,爱搞笑,经常逗得大家捧腹大笑。借助于一些典型的细节,生动的描述,作者写出了人物鲜明的个性,令人印象深刻。

我曾经创造了一个小小的奇迹

邓 鹏

"嘟——"清脆的哨音划破了黎明的宁静,我睁开惺忪的睡眼,这是在哪里?哦,这已是离家千里之遥的武汉了。

看看表,才六点钟,怎么这么早?"集合!"楼下有人扯开嗓门大喊。我来不及刷牙、洗脸,套上衣服,就直冲下楼去了。

夏令营的第一天,就这样在慌乱中开始了。

身着军装的教官早已等候在操场上,他的个头特高,准有一米八几。浓浓的眉毛下架着一副眼镜,厚厚的镜片竟挡不住那两束严厉的目光,看了让人有些胆寒。

"我姓李,请同学们叫我李教官。今天早上,我们的训练项目是耐力,沿着这个操场跑二十圈。"李教官的声音不大,但挺有分量。

"哇,二十圈!"队伍里顿时炸开了锅。

我没乱咋呼,脑子里却飞快地盘算起来:"一圈四百米,两圈八百米,二十圈八千米,我的老天呀,八千米,我校的运动会上,最远的长跑项目也只是八百米,这八千米——八百米的十倍呀!"

教官一言不发,"虎视眈眈"地注视着我们,半响又迸出一句话:"跑也得跑,不跑也得跑!"

第一圈,二十多人的队伍,我冲在了最前

面。第二圈、第三圈……渐渐地,我的腿上便像绑了沉重的沙袋,怎么也迈不开,我的嘴张得再大,气也不够用,怦怦的心脏似乎要跳出胸膛。

看看后面,好些同学不是在跑,而是在走,我也不由得放慢了脚步。第几圈了?我的脑子里一片空白,手和脚好像不再属于我了,整个人如同腾云驾雾一般。真是受不了了,我索性也走起来,并自言自语:"哼,这教官真够呛!开营第一天,就给我们来个下马威。八千米,当我们是铁人啊!"

"你过来!"教官叫住了我。为什么偏偏叫住我呢?我不过才走了大半圈,但我毕竟有些心虚,就慢慢地挨过去。

"现在,你在想什么,我全明白。"李教官不紧不慢地开了腔,"我看你又是一个'小皇帝'!"

什么"小皇帝",这不是拐着弯骂人没出息吗?这三个字深深地刺痛了我。我一扭头,又上了跑道。

现在,跑道上已经没有几个人了,丢盔弃甲的逃兵真不少。"哼,一群'小皇帝','小公主'!"我的脑子里竟冒出了这么一句话。我撇撇嘴,咬咬牙,向前冲去。

一圈又一圈,我咬牙坚持着。阳光照在脸上、身上,火辣辣的,汗水顺着眼角直往下流,让人睁不开眼。管它呢,汗水又淹不死人!

"二十圈,够了!"不知过了多久,教官提醒了我。我并不理睬,继续往前冲。

"刚才走了一圈,不算数,现在,再赔你一

魅力解读

　　深入细致的心理描写，是揭示人物性格的重要手段。开始，"我"对教官暗暗埋怨；随后，教官叫住"我"时，我有些心虚；"小皇帝"三个字，"深深地刺痛了我"，跑得汗流浃背时，是"管它呢，汗水又淹不死人"。尤其令人印象深刻的是最后，"我"跑完了二十圈仍然不肯收脚，决定再"赔"教官一圈，让他看看谁是"小皇帝"。随着心理描写的层层展开，一个倔得可爱的少年就这样鲜活地凸现于纸上。

圈。这样，二十圈，一圈也不会少你的。我就要让你看看，谁是'小皇帝'！"我大声嚷着。拼着最后一口气，天知道我是怎么跑完那艰难的第二十一圈的。

　　甩甩满头的汗珠，我远远地望见李教官的脸上露出了一丝笑意。空无一人的跑道上，我骄傲地昂起了头。今天，我创造了一个小小的奇迹。

超酷派之三：辣妹帅哥大比拼

我身旁的这位女生是学习委员，整天忙得昏天黑地的。她桌子上的作业本常常堆积如山，弄得一张桌子都放不下，她便和我商量"北约东扩"的问题。一向对女生带有排斥心理的我怎能容忍"边境被侵犯"？毕竟"我的地盘我做主"嘛。我没加思索就一口回绝了，看她怎么办。

邻桌是女生

徐连星

开学伊始,我最担心的便是和女生做邻桌。可万事难料,更何况这事完全由老师决定。调座位时,老师每念到一个名字,都让我胆战心惊。结果很不幸,我的座位与临组紧挨着,身边就是一位女生。

短时间内,还算风平浪静,时间一长,矛盾就出来了。

我身旁的这位女生是学习委员,整天忙得昏天黑地的。她桌子上的作业本常常堆积如山,弄得一张桌子都放不下,她便和我商量"北约东扩"的问题。一向对女生带有排斥心理的我怎能容忍"边境被侵犯"?毕竟"我的地盘我做主"嘛。我没加思索就一口回绝了,看她怎么办。

让我意想不到的是,她忽然从一堆作业本中抽出我的作业本,一种不祥的预感顿时油然而生——果然,她竟然拿我没有改正错题的事来威胁我。迫于她的强硬手段,我无可奈何地妥协了。通过这件事,更加坚定了我对女生的看法。

又有一次,我俩为一道数学题争论起来。真是公说公有理,婆说婆有理,我们争辩得难解难分,最后却是以我的失败而告终。

看着得胜后的她神气十足的表情,我不服气地说:"你知不知道,刚才你的脸红得像猴屁股。"

她还沉浸在胜利的欢乐中,一听此话,脸上的表情立刻"由晴转阴",同时,以迅雷不及掩耳之势伸手揪住我的肩膀,痛得我直跳。还真看不出,她的力气和她的数学成绩一样厉害。

自从发生了此事,我在她的面前变得小心起来,可面子上总觉得过不去。拿学习成绩来说,班上考试成绩的前三名,都是清一色的"女流之辈",哪有我们男生的立足之地?这样一来,在任命班干部时,老师全都选用女生,记名字、罚作业等事全都让女生操办,男生自然无法插手。男生自然对女生产生了抗拒心理,也不自觉地失去了男生本该有的风度。我想,在她的眼里,我肯定是小人物一个,要强的我却无能为力。

唉,有个女生邻桌,真让人头痛。问苍天,男生何时能重掌乾坤,让女生刮目相看?

魅力解读

读完全文,我们会体会到,"我"并非真的厌恶邻桌甚至同班的女同学,她们也确实没有可恶之处,之所以会排斥她们,只是因为"我"较强的自尊心和好胜心在做怪罢了。特别是读到最后,我们读到的是同学间良性竞争的关系,甚至是一种特别的、只有同学之间才能体会到的友谊,这是这篇故事的可贵之处。

训练营里的"女钟馗"

陈佳宜

参加省少先队火炬金奖训练营前,我自认为自己是天不怕地不怕的人,没想到,到那里的第一天晚上,就被"鬼"吓得够呛。还好,最终"鬼"现了原形,这段经历说起来真让人回味。

那天,我们几个女生刚走到训练营宿舍的门口,就有几个男生快步跑到我们面前,他们怪怪地问我们:"你们真想搬进这个宿舍吗?"

我们好奇地反问:"怎么了?"

那几个男生便一下子变得怪异起来,他们神秘兮兮地说:"你们真想搬进去啊?这个宿舍里以前死过人,有鬼,晚上鬼魂会回来的,你们最好小心点。"说罢,这几个男生就扬长而去了。

我们听了这几个男生的话,愣住了,可教官安排的宿舍总得住啊。还是营友"禾苗"胆大,她第一个提起行李就往里走,我们也只好战战兢兢地跟着她进去。

白天还好,到了晚上,大家都人心惶惶,就怕鬼"呼"的一声从门缝里钻进来。我们把窗户关得紧紧的,窗帘拉好,门缝堵住。

大家正在忙乱着,忽然,从门外传来一声声凄惨的不明声音,听得我们个个毛骨悚然。不知谁喊了声:"鬼来了!"只听宿舍里响起"妈呀——"的惨叫声,大家顾不上脱衣服,就迅速

钻进被窝里，把自己裹成一个圆球，屏住呼吸，瑟瑟发抖。就这样，谁也不知道自己是如何熬过这漫漫长夜的。

第二天一早出操，我们宿舍人的眼睛都成了"熊猫眼"，为此，全营的同学给我们宿舍的同学封了一个雅号——"101熊猫"。

那几个男生见了我们，更是幸灾乐祸，说："各位怎么都变成'国宝'了？需不需要晚上为你们站岗放哨啊？哈哈哈哈——"

看着他们这副德性，我们可咽不下这口恶气，大伙儿一合计，决定晚上一定要把"鬼"给揪出来。

晚上一熄灯，大家裹着床单，营友"李子圆""蘑菇"和"闹钟"手拿扫把，由"汤圆"和"禾苗"率领，两路包抄，"圣诞老人"和"呼呼"为突击队员，外出打探情况，我们捉"鬼"队就浩浩荡荡地出发了。

侦探员首先看到前方有不明物体向我们这里走来，这十有八九就是"鬼"。大家小心翼翼地挪着小碎步，一点点地前进。

我们离"鬼"越来越近了，这时，"鬼"们在黑暗的过道那头，也看到了裹着床单的我们。只听"鬼"们大喊："哎呀，活鬼呀！"

咦，怎么"鬼"怕"鬼"呢？顾不着多想，"汤圆"和"禾苗"早已率领两路人马冲了过去，把"鬼"团团围住；"圣诞老人"和"呼呼"拿起随身携带的书就往"鬼"的头上打；"李子圆""蘑菇"和"闹钟"像拿枪似的，将扫把对准"鬼"们大吼

一声:"你们已经被包围了,快快举起手来!""鬼"们只好浑身颤抖地把双手了举起来。

"圣诞老人"竟瞒着我们把手电筒也带来了,她往"鬼"们的脸上一照,原来"鬼"们就是那几个男生。就这样,"鬼屋惊魂"的谜团被解开了。

这几个男生招供,前一天"鬼"的叫声是他们装的,目的是想吓唬吓唬我们,看看我们的胆量如何,想不到他们竟栽在我们这群小女生的手里。

"鬼"捉到了,大家都回去睡觉了,这一夜大家睡得真香。

第二天,我们101室就被全营的同学们称为"小钟馗"。有我们这群"小钟馗"在,"鬼"自然就逃得无影无踪了。

魅力解读

这篇故事最大的特点是,巧设悬念,引人入胜。一看题目,就知道本文写的是一群小女生捉"鬼"的故事。这"鬼"究竟是怎么来的,女生们又是怎么捉"鬼"的呢?行文中,作者多处巧设悬念。比如,一开始写男生对女生那种神秘兮兮的表现,令人心生疑惑;之后,半夜"闹鬼",更是让人惊讶、不解;而第二天男生们幸灾乐祸的样子,又让人直犯嘀咕……一层层的悬念设下来,我们的心已被牢牢抓住,由不得不往下看。

俺班酷事

孟庆杰

与"牛哥"过招

这几天,后桌的"牛哥"(因为他的眼睛总是炯炯有神地瞪着,故得此"雅称")忙里偷闲,一直在玩弄一把锁头。

这不,课间,"牛哥"又转动着锁头,然后往课桌上一丢,让锁头在课桌上打旋儿,结果弄出一阵阵刺耳的噪音。

我和同桌忍无可忍,再三发出警告,"牛哥"只是白了我们一眼,依然我行我素。这时,同桌的眼睛瞪得比"牛哥"的还要大,她猛地抢过课桌上的锁头,扔到了窗外,并发出最后"通牒":"你再玩,我就把它扔到女厕所里,你自己去捡就是了。"

"牛哥"气得嘴歪眼斜,不过还好,他稍有收敛了。

第二天课间,"牛哥"又放肆地玩起了锁头。我的同桌二话没说,夺过锁头走出教室,就径直朝女厕所走去,我则紧随其后。

"牛哥"连忙追出来,大叫:"我说,大……大姐,我保证再也不玩了,您就还给我吧!"

我的同桌没答理他,只是对我说:"我想吃'伊利四个圈'。"

我白了"牛哥"一眼,"牛哥"扭头便走。一会儿,"贡品"就到了我们手里。

嘿嘿,这还差不多。同桌把锁头朝"牛哥"一丢,挽着我的手扬长而去,只听见"牛哥"在我们身后愤愤地说:"气死我也,真是欺负人没商量。"

淑女·酷男

这天,我的同桌来得特别晚。她一进教室,全班同学的视线立刻被她拉了过去。

哇,同桌竟然一身淑女装扮:一条紧身牛仔裤,灰色长筒靴油亮油亮的,高领的红色线衣外面套着灰色的长外套,两条颇精致的发辫搭在两肩,真酷!

同桌在众目聚焦下从容落座,一坐下,她就对我说:"今天,本姑娘要当淑女,你要在我做出有损自己形象的动作时提醒我。"我忙惊讶地点点头。

这时,后桌的"牛哥"摇头晃脑地说:"太阳从西边出来了。"

同桌转身就举起了手,想对"牛哥"进行"条件反射"。

我忙提醒:"淑女的举止要文明。"同桌忙让手臂自然垂落,并无奈地摇摇头。

于是乎,"牛哥"得意不已,他扮了个鬼脸:"淑女呀淑女,有你好瞧的!"

当了一天淑女的同桌受了一天的气,备受同学们的冷嘲热讽,还差点儿被气哭了。下午

临放学时,她狠狠地说:"我发誓再也不当淑女了!"

第二天,她摇身一变:一身宽松的运动服,一双"MPN"运动鞋,一头的长发理成个"毛寸"。见此,全班同学被震得鸦雀无声。随后,教室的后面传来了男生的几声尖叫。

同桌横眉冷对,大声嚷道:"今后我要当'酷男',看谁还敢欺负我!"

众男生面面相觑,哑口无言。

我们班的故事好玩吧?以后有时间,我再讲给大家听。

魅力解读

结构新颖,内容鲜活,两个故事各具独立性,又都被"俺班"统领起来,这样,故事显得眉目清晰,结构完整。在表现方法上,细节描写生动诙谐,人物语言活泼俏皮,洋溢着浓郁的生活气息,充分展现出新时代小学生的个性风采和精神风貌。

我与同桌"冤家"

周 阳

  我的同桌虽然看上去一副温顺可爱的模样,其实,谁惹急了她,她就会像兔子一样瞪着你,就会像大王乌贼一样缠着你,我就经常与她"混战"。

  一次,我严重超过了她规定的"三八线",把她的文具盒弄掉了,里面的东西散得一塌糊涂。她似乎长有侧眼,马上用犀利的目光扫视着我,而我还沉浸在美妙的写作旋律中呢。我还没反应过来是怎么回事,胳膊就被她一把揪住,然后,她深吸一口气,用九泉卫星发射中心发射火箭般的声音大吼:"周阳,你超线了!"我被这声音吓住了,墨水也从钢笔尖滑落下来。她还不罢休,用凶神恶煞的眼睛看着我,用力抓住我,使劲地摇来摇去。那一刹那,我只觉得有几颗星星从眼前划过。

  这些鸡毛蒜皮的小事已经成为我们之间的家常便饭,而最难忘的是那次"扫帚大战"。

  那是一个幽静的黄昏,我的同桌在搞卫生,而我还在教室里聚精会神地看金庸的小说。不时地,我嘴里还念念有词:"好啊,打啊!"到了最后,我竟然手舞足蹈起来。我没有注意,竟一下子把她的扫帚踢飞出去。她满腔怒火地去捡扫帚,我竟浑然不知。她用扫帚柄捅了我一下,我

才猛然醒悟。意识到她肯定不会善罢甘休，我便抄起一旁的拖把匆忙应战。

"大战"开始了，我摆开了架势。她抄起扫帚，上下挥舞，搞得天地间灰尘飞扬，弄得我的视线越来越模糊。她趁乱给了我个"凤凰乱舞"，搞得空气混沌不堪。我咳嗽了几下，调整好情绪，然后，腾空跃起，把拖把往地上猛地一砸，就向她冲去。拖把挥舞到她的鞋子上，她的鞋上顿时绽放开朵朵水花。她低头一看，心爱的鞋子脏了，勃然大怒。隐约中，我仿佛看见她头上的火焰在猛烈地燃烧。她像兔子一样急红了眼，用尖尖的声音叫道："兔子急了还会咬人呢！"说完，她"紫气东来"，把扫帚上下左右到处乱打。我急忙扮作"蒙面大侠"，把一大块餐巾纸蒙在脸上，继续"大战"……

这场"生死大战"一直持续到走廊里传来老师的脚步声，才戛然而止。

冤家路窄，这样的对战今后肯定还多着呢。

魅力解读

什么是"家常便饭"？什么是"扫帚大战"？什么是"凤凰乱舞"？让我们随着作者去领略一番，去感受一下他的同桌"发射火箭般"的吼声吧。语言风趣幽默，略带夸张的调侃，化平庸为神奇，把同桌间的恩恩怨怨写得淋漓尽致。其中，动作描写十分出色，颇有武侠小说家的风范。

那一刻,我们真疯狂

文 辉

下雪了,又恰逢体育课,经我们再三请求,体育老师终于同意让我们到操场上去打雪仗。

我们分为两组,男生一组,女生一组。

阵势一拉开,男生们的粗野劲儿就暴露无遗,他们一边叫喊着,一边疯狂地用雪团向我们女生发起猛攻。我们女生还在忙着攥雪球呢,一受到突如其来的打击,尖叫声就连成一片,我们手忙脚乱,仓促应战。再加上我们的人数少,难以抵挡对方强大的火力,结果几乎人人都饱尝了雪团的亲吻。雪团在脸上一开花,脸部就麻沙沙的,又痛又痒;最可怕的是,迸裂的碎雪钻进了衣领里,凉丝丝的。我们已顾不上这些了,只是顽强回击,很快,我们的叫喊声就盖过了男生的声音。

"打他们的眼镜!"一个女同学发现男同胞们戴眼镜的不少,便急中生智,发出了号令。一呼百应,我们就近距离地专打对方的眼镜。这一招果然奏效,就在我们的对手忙着在雪地上寻找跌落的眼镜,捡起后又忙着擦拭镜片时,我们发起了猛烈的进攻,结果情况大有好转,我们占了上风。

接下来,狡猾的"敌人"改变了战术,只见他们排成纵队,一个接一个地向我们连射,我们先

前的战术顿然失灵,又处于劣势地位。

　　我们气喘吁吁,忙乱地回击着。就在这一危急的时刻,忽见男生组的一同学"哎哟"一声,摔了个仰面朝天,另一个同学则抱头大喊:"有人偷袭。"原来我们女生组的"假小子"和"花木兰"出其不意地绕到男生组的后方展开了猛攻,男生们乱了阵脚,自然洋相百出。我们这些巾帼女杰士气大振,我们狂呼着,手舞足蹈,一阵猛攻,男生组终于溃不成军,纷纷逃散。

　　双方拉开了一段距离后,男生们纷纷抗议:"你们偷袭别人,违反了游戏规则!"

　　我们立即反驳:"这就叫出其不意,攻其不备,反正是你们输了!"

　　一个男生出言不逊:"我们啊,是好男不跟女斗!"

　　"花木兰"马上对答:"我们是好女专跟男斗!"

　　男生们哑然。

　　这正是:女生都是花木兰,谁说女生不如男。

魅力解读

　　内容鲜活,栩栩如生的场面描写,是本文的突出亮点。

　　一是场面描写先声夺人,波澜起伏,悬念迭生,情节错杂,又点面结合,内容有条不紊,有章可循。在表现双方对垒的情景时,作者以女生组为主,以男生组为衬托,以"劣势—优势—劣势—优势"的战况为主线,情节舒展,摇曳多姿,内容引人入胜。

　　二是场面描写营造了一种欢快、热烈的气氛,使读者如临其境。其中,男生们的强大、凶猛、狼狈,女生们的顽强、机智、泼辣,都跃然纸上。字里行间洋溢出女生的豪气,能够唤起人们热爱校园生活的情怀。

男孩，名字不是敲出来的

向天歌

魅力解读

这篇故事很精短，几乎没有什么情节，就是对话和议论，但很有味道，从一个侧面反映了某些小学生特别是男生说话不讲礼貌、不尊重他人的问题，选材的角度很新颖，主题很有现实意义。行文中，作者未对男孩横加指责，而是晓之以理，动之以情，劝其改过，特别是结尾一句，既表现出"我"的大度，又委婉地批评了对方，表达很得体。

"哒！哒！哒！"前面的男孩又在敲桌子传话了，"喂，借块橡皮行吗？"

我知道你是在叫我，可我偏装着没听见，不理你。

"哒！哒！哒！"敲桌子的声音更响了，"喂，借块橡皮吧！拜托了，快点儿，女孩子别那么小心眼。"

男孩，你我同学已经快6年了，难道你还不知道我的名字吗？

"喂"——多么不礼貌的称呼，你是一个班干部，这样做，怎么能树立起自己的威信，怎么与同学建立起真挚的友谊？

男孩，你就这样对待一个女孩儿吗？你这一叫使我感到惊讶。我们读书不但要学好课本知识，还要学会如何待人接物。

男孩，你是一名班干部，你不至于总是敲着桌子与我们打招呼吧？

要知道，名字不是敲出来的，而是叫出来的。叫别人的名字，这是最基本的礼貌，难道你连这个道理也不懂？

男孩，橡皮可以借给你，下次别忘了叫我的名字，好吗？

我们班的新鲜事

张欣妍

告诉你一件新鲜事,我们班的男同学居然会跳皮筋。

那天放学后,我们女同学在跳皮筋,这时,杨森他们几个男同学走过来,说:"带我们一起跳好吗?"

我斜了他们一眼,说:"尽吹牛,跳皮筋是我们女孩的专利,你们会吗?"

"我们可以比赛呀!"杨森说。

我说:"比就比,有什么了不起的。"

很快,比赛就开始了。

我们女队派出史宁先跳,她一口气跳到了六级,这时,皮筋已经升到她的脖子那么高,她边跳边唱:"小豆豆,上学校,老师讲课她睡觉……"突然,她被绳绊了一跤,痛得哇哇大哭。

轮到男生跳了,他们派杨森来跳,只见他两腿在皮筋上轻松地跳着。一级、二级、三级、四级、五级,很快,他也跳到了六级。我想,他一定跳不过去。真没想到,他双腿轻轻一抬,脚一钩,稳稳地站在皮筋中间,竟把六级跳了下来。

最后,男生赢了,他们高兴地欢呼起来。我们羞死了,真想变成老鼠钻到洞里去。

这件事可真新鲜,本来男生跳皮筋就够新鲜了,还能赢我们女生,就更新鲜了。

魅力解读

故事中,作者围绕"男生居然会跳皮筋"这件新鲜事展开,材料很新鲜,很有看头。语言生动,描述具体,对比鲜明。最后,男生用实际行动证明了自己的实力,令女生们刮目相看。故事很简单,也很有趣,充满了浓郁的校园生活气息。

我们班的四大活宝

夏 好

提起我们班的四大活宝,我相信你在我们班待不上一小时,就受不了了。

先说老大,是女生,叫凌咏怡,是我们的班长。你别看她平时一副温柔的样子,你要是把她惹火了,她一定会让你尝到厉害。这不,我们班的张悦浩不知为什么惹了她,她立即追着张悦浩直揍。可怜的张悦浩绕着桌子边逃边叫:"救救我……救救我……"而张悦浩还是我们班四大活宝中的老四呢,他不是凡人,都只能"享受"这样的待遇,更何况一般的同学呢?

再说老二吧,叫刘靖,也是女生,她的招数就是哭。要是谁惹了她,她保证张口就"哇"地大哭起来,那情景太可怕了。

有一次,我惹火了她,她二话不说,就"哇"地哭开了,眼泪如山洪一样涌了下来,真是"飞流直下三千尺"。如果你在现场,一定会吓得逃得无影无踪。

再说老三吧,他是我的同桌,叫陈奇,他的招数可和别人不同,就是骂。如果谁碰了他的东西,那可是一场灾难,他非把这个人骂个半死。

有一次,我把他惹火了,你听:"你的,死了死了!"他竟用日语骂我。平时,一遇到什么事情,他非把你骂得死去活来才罢休。

最后一个活宝,大家已经认识了,叫张悦浩。他呀,别提多么搞笑了,说两件事给大家听听吧。

第一件,某天女班长凌咏怡正在管纪律,他竟窜到讲台上,又是演讲,又是唱歌,又是做鬼脸,逗同学们笑得东倒西歪。这不是和女班长对着干吗?要知道,女班长可不是吃素的。事后她一个小报告打到班主任那里,张悦浩硬是扫了一星期的卫生区。

还有一次自习课上,张悦浩又管不住自己了。女班长下座位去管他,他一边跑一边做出各种造型,小丑般的动作配上他肥胖的身躯,足足让大家笑了半堂课。结果可想而知,他又包了半个月的卫生区。

瞧,这就是我们班的四大活宝。你如果想看一看他们的真面目,就请到我们实验小学双语三(8)班来吧。

魅力解读

在这篇故事中,作者抓住"趣"字大做文章。首先,在选材上,选的是班上四位很有个性的人物,每个人物都很有趣,都有故事。其次,在行文的过程中,作者运用诙谐的语言、夸张的手法来写,使笔下的人物形象呈现出漫画的色彩。有趣的人物加上有趣的写法,这样的故事自然妙趣横生。

我们班的"八大家"

曾勇彬

说起古代的"唐宋八大家",那是家喻户晓、人尽皆知。其实,我们班也有"八大家",而且他们个个都别具一格,名气还挺响。

先介绍一下"钻子数学家"——刘子君,她在数学上真的有"钻子"精神。

记得有一次,《奥林匹克起跑线》上有一道难题,班上许多同学都束手无策,纷纷"弃权",刘子君同学并没有被困难吓倒,她结合书本上的公式,抓耳挠腮、苦思冥想,终于攻破了这一道难关,难怪她数学成绩那么好。

白皙清秀的瓜子脸,一双眼睛炯炯有神,这位"大小姐"就是我们班的副班长、"硬笔书法家"——黄丽丽。她不但人长得可爱,那手钢笔字写得也像她本人一样漂亮、清秀,她还获得过"校园书法家"大赛的一等奖呢。

"左手锣、右手鼓……"噢,原来是"歌唱家"——李小雪正为同学们表演呢。她放开歌喉,那甜润的嗓音如黄莺般清脆、婉转,我们都陶醉了,仿佛进入了一个美妙的世界。

"来,传给我!""快投,进了!"操场上正在进行一场篮球比赛。在这个场合,"篮球家"——邹志军可大显身手了。只见他一个鱼跃,接住球,冲破对方的严密防守,一个三步上篮,投中

了。顿时，球场上欢声雷动。

瞧，那个正和同学们说笑的男孩就是我们班的"幽默家"——胡佳。这家伙，长得虎头虎脑，满脑都是鬼主意，有时老师也拿他没办法。

一次，同桌跟他斗气，胡佳眼珠一转，计上心来，他吊着嗓子用京剧唱腔唱道："令君，莫生气，小生这厢有礼了。"这一唱，逗得大家哄堂大笑，他的同桌更是笑得前仰后合，一场干戈化为玉帛了。

咦，"劳动家"——李小珊上哪去了？哦，她正在检查卫生呢。提起她，同学们无不夸赞，她可是我们班的"老黄牛"。身为劳动委员，她不但善于指挥全局，还带头劳动，脏活累活抢着干。一天到晚，都能看到她忙碌的身影，同学们都对这位"劳动家"充满敬意。

下面该介绍一下"小画家"——钟子明了。你可别小瞧他，他的画画得栩栩如生，特别是花鸟、山水画，可绝了。他曾三次获得学校"小画家"的荣誉称号，学校的橱窗里还好几次展示过他的作品呢。

最后一位"大家"是谁？告诉你吧，就是我！我嘛，是小作家。因为有多篇文章在报刊上发表，还几次获得作文大赛一等奖，老师、同学才送我"小作家"这个美称。我决心好好干，不负众望。

正是由于众多"大家"的努力，才使我们班获得"特色班级"和"先进班集体"的光荣称号。你瞧，我们这"八大家"作用不小吧。

魅力解读

一旦学会用欣赏的态度对待生活，写出来的文章一定是能够表达正能量的好文章。作者以自己的慧眼，向我们介绍了"八大家"各自的特点，展现出一个和谐而有特色的班集体的形象。在这里，每个人都只是给了一个特写镜头，但由于特点抓得准，只寥寥数笔，就勾勒出人物独特的风采。

女生宣言

匡 琦

从跨进校门的那一刻起,我们班就注定是女生少,男生多。因为这个缘故,班干部全都由男生担任,女生即使有那么一位,也只不过是个"后备队员"。我们女生在班里没有"政治地位",自然也就没有说话的权利,班里的大小事都轮不上我们插嘴。那些大小"官员"整天对着我们发号施令,要我们今天干什么,明天干什么,我们还不敢违抗。我们女生觉得,这样活实在太窝囊了。

也怪我们女生没有志气,做什么事都缺乏自信,遇到一点挫折就气馁,个个甘愿"俯首称臣"。

谁说女子不如男?自古就有花木兰、穆桂英等女中豪杰。我们要抗争,我们要挽回尊严,挽回面子,还女生本来面目。我们要让男生睁大眼睛看一看,我们女生不是无能之辈。

积聚了太多的委屈,终于有一天,地下的烈火就像火山爆发一样喷涌出来。

那天早晨,我一来到学校,便起草了一份宣言,号召女生们积极行动起来,向男生发出挑战!我们要以自己的实际行动证明,男同学能够做到的事情,我们女同学也一定能做到,而且可以做得更好。

从此以后，我们女同学完全变了。课堂上，我们争相发言，滔滔不绝的演说使得男生刮目相看；体育场上，我们曼妙的舞姿如翩飞的燕子，赢得男生们的阵阵掌声；课间，我们聚在一起，为了一个学习上的问题而争得面红耳赤，惊得男生们目瞪口呆……

此情此景，让老师笑了，男同学慌了。他们聚在一起窃窃私语：如果继续这样发展下去，男同学的面子往哪儿搁？

巾帼不让须眉，终于有一天，我们女同学的综合表现远远超过了男生，这使得男生对我们女生不得不佩服了。

后来，老师在班会上提出要改选班干部，女同学以绝对优势压倒了男同学，班长、副班长的宝座毫无悬念地落在了我们女同学手里，女生们成了一代"女中豪杰"。

谁说女子不如男？我们女生只要努力，同样能与男生们并肩作战，战胜任何艰难险阻。

魅力解读

自古以来，就有女子不如男的说法。女同学们不甘落后，公然向男同学提出挑战，并以自己的实际行动赢得了师生的肯定。故事的语言很有特点，剑拔弩张，处处充满火药味，表达的是巾帼不让须眉的豪情，显示出一代少年儿童的拼搏精神和不甘落后的风貌。

我的同桌

孙 超

厉害的小女生汪珏,在我班是无人不晓,不过,作为"鬼面猴"的我,在班里的名气更大。

这一学期,老师把汪珏调在我旁边,让我们同桌。

我们同桌的第一天,我就决定给她来一个下马威,让她瞧瞧俺老孙的厉害。我当即在桌子中央画了一条"三八线"。汪珏看见了,白了我一眼,不过,并没有开腔,这是我们的第一次较量。

一次,我正在写作业,忽然,汪珏捅了一下我写作业的手,我的作业本上立即出现了一条小尾巴,我大声吼道:"你为什么捅我?"

汪珏也毫不示弱,她说:"谁叫你超过分界线?"

我一看,我果然超出了一大截,只好哑口无言。从此,我对那条"三八线"十分警惕,汪珏也是"寸土必争"。渐渐地,汪珏在我的印象中越来越"坏"。

不过,有一件事改变了我对她的看法。

一次语文测验,教室里很静,只有铅笔写字的沙沙声。突然,我有道题做错了,我想找橡皮,一瞧铅笔盒里,钢笔、尺子躺得好好的,唯独没有橡皮。

就在我六神无主的时候,汪珏毫不犹豫地把她的橡皮推了过来。我二话没说,拿过来擦掉错题,重新做了起来。

不久,试卷发下来了,看着鲜红的92.5分,我无比感激汪珏。

渐渐地,我们的关系越来越融洽。

汪珏在我们班是一流的画手,黑板报的刊头全是她设计的。

有一次,她把一张纸铺在桌上,用毛笔蘸饱墨,略加思索,在纸上刷刷几笔,一会儿,一匹栩栩如生的马就诞生了。见此,我对她说:"你画得真是太棒了!"

她淡淡一笑,说:"你如果喜欢,就送给你。"

从此,我从心里佩服我的这个同桌。

魅力解读

通过具体事例来表现人物的性格,是本文的主要特点。在选材上,用"三八线"上的"寸土必争"来表现主人公的厉害,而借橡皮、赠画又表现出人物助人为乐、慷慨大方的品格。行文中,作者用恰当的过渡段将整个故事串联起来,把同桌之间的关系由僵化到融洽、由敌视到关心、由轻视到佩服这个过程写了出来。

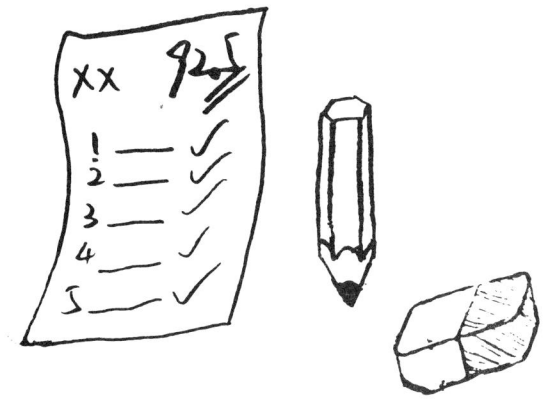

我们班上的知名人士

王一名

你想知道我们班上的知名人士吗？现在，就让我来一一介绍吧。

先向你介绍的是我们老师的得力助手刘岩，她是我们班上的纪律委员，这个职务她已经连任四年了，可见老师特别信任她。这几年来，我们班上调皮的男生被她管得服服帖帖的，一些男生给她起了个"武则天"的绰号。当然，没有一个人敢当面这样叫她。如果让她听见，可以想象，她轻则吹胡子瞪眼，重则你得挨拳打脚踢。

那个虎头虎脑、大眼睛的小男孩，是小画家刘刚，他画的画在我们学校可是数一数二的。尤其是水墨画和动物画，简直绝了。我相信，他长大了，一定能够成为一个有名的画家。

"太阳帽，太阳帽，我给太阳戴帽子……"咦，这是谁的声音？哦，原来是王佳呀，她可是我们班有名的小诗人，她曾有几首诗在报纸上发表。她不但诗写得好，歌也唱得好。她有一张白净而清秀的脸，高高的鼻梁上架着一副高度近视镜，外表给人一种弱不禁风的林黛玉型的感觉。

现在，向你介绍的是一个文质彬彬的男同学，他叫张攀。平时，他说话慢声细语，就连跑步的姿势也像姑娘,因此,他得了个"假姑娘"的绰号。在班上,他的学习是顶呱呱的,每次考试都在前五名之列。

我们班还有一位"小书法家",她就是张娜。一次,评改作文时,老师批评了写字潦草的同学,当点到张娜时,她脸红地站了起来。当时,大家都没有把这件事放在心上。没有想到,从那以后,每天晚上她都坚持写两篇小楷,几个月下来,原来根本不成形的字,现在,竟变成了另一副的模样。

提起我们班的"幽默大师"金晓明,我们老师就有话说。

"这个同学啊,我拿他真是没办法!"这是我们的班主任老师对他的评价。

每当老师批评他时,他不但不生气,反而嘿嘿地笑。这时候,老师的气早被他的笑冲到九霄云外了。如果课堂上的气氛太严肃,他就会时不时地插上两嘴,讲几个笑话,来活跃一下课堂气氛。

有一次,班上举办演讲比赛,金晓明第一个跳上讲台,他故意拖长声说:"同学们,我今天说的话题是:怎样做一个真正的男子汉。"

这话一出来,就引得台下一片哄笑,弄得老师啼笑皆非,禁不住也"扑哧"一声笑了出来。

他接着说:"上课大家一定要遵守纪律,不然,就要吃蛋(挨批评)。还有一点,我们不要跟那些娇小姐斗架,我们要以君子之腹度小人之心。如果我们小肚鸡肠,就不是男子汉了。奻

5分钟趣味阅读

魅力解读

故事中,作者突破了一篇故事写一个人的常规,而是写了几个人物各自鲜明的个性。作者在写这一群人物时,语言生动活泼,材料典型有趣,笔下的人物有血有肉,活灵活现,十分可爱。在表达上,内容风趣幽默,每一个人物都给我们留下了深刻的印象。

了,我今天的演说到此结束。"

说完,他就跑了下来。其实,他是被女生哄下台的。

要说起我们班上的"小作家",要数蒋立研了。她写的文章节是节,段是段,至于词句,就别说用得有多恰当了,老师常常在班上读她的文章。如果搞什么作文竞赛,她只要一参加,准能够抱个奖回来。

这就是我们班上的知名人士,你是不是对他们已有了初步的了解?说实话,这些同学可为我们班争得了不少荣誉。

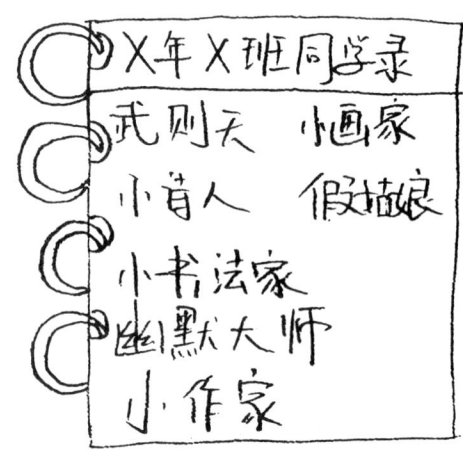

超酷派之四：名师显山不露水

我们的语文老师呀，鬼点子特多。你看，今天一上课，他往讲台上一站，眼珠子就滴溜溜地转动起来。一看见这情景，同学们就心里发怵，因为经验告诉大家，这可是"山雨欲来风满楼"的前兆。

"鬼点子"老师

姚婷婷

我们的语文老师呀,鬼点子特多。

你看,今天一上课,他往讲台上一站,眼珠子就滴溜溜地转动起来。一看见这情景,同学们就心里发怵,因为经验告诉大家,这可是"山雨欲来风满楼"的前兆。

这次,老师居然打起了一本破书的主意:"请同学们用词语或诗句来形容一下这本破书。"说着,他把自己手里的一本很破的书向同学们挥了挥。

话音刚落,教室里便炸开了锅,一向发言积极的张家琛同学顾不上举手,便脱口而出:"支离破碎。"

一看张家琛拔得头筹,金杰迫不及待地叫道:"流离失所。"

这时,向来对语文有"惰性反应"的张哲辉也在底下窃窃私语起来,经老师再三追问,原来是"咬文嚼字"。老师还不罢休,问其缘由,张哲辉说:"又是咬又是嚼的,这书能不破嘛!"

机不可失,时不再来,我再不说,就没有份儿了。我想,一本书,就是一个集体,现在书破成了这样,不是"分道扬镳"了吗?于是,我就端出了这词儿。

接下来,岂止是杨门虎将,就连小兵小卒的嘴里都蹦出了一两个词儿:五马分尸、破镜重圆、大卸八块……

一时间,笑容在同学们的脸上洋溢,笑声在教室里回荡。

这样的老师,这样的语文游戏,我们真喜欢。

魅力解读

大家一定是笑着读完这篇故事的吧?这和故事的特点——幽默、风趣有关。全文语言活泼,读后,不禁会心一笑。作者对"鬼点子"老师的直接描写不多,更多的是侧面描写,这样,就避免了刻板直白的铺叙,增强情节的生动性。故事虽短,但知识含量很丰富,作者的阅读量一定不少。看来,"读书破万卷,下笔如有神"这话真是不假。

作文前奏曲

陈佳静

上课了,这一节是语文课。今天,李老师不知怎么了,一走进教室,他的神色就不对劲,好像有什么心事,同学们都迷惑不解。半晌,他才向我们道出了心中的"难言之隐"。原来,他昨天晚上看书时,读到唐代诗人高适的一首诗,一不小心,一滴墨水滴在书上,把其中的一个字给盖住了。他想了一夜,也不知道这个字是什么字,现在只好请同学们帮忙了。

说着,李老师就在黑板上写出了"前村月映(　)江水"的诗句,还在诗句后面提供了"满""一""半"三个字,供我们选择,同学们立刻思考起来。

一会儿,郭子明站起来说:"我认为选择'满'字比较合适,因为'满'代表全部,表明整个江面都被月光照射到了。"

李老师听了,不住地点头称赞,同学们听了,也赞不绝口。

这时,朱铮同学站了起来,持不同的意见,他说:"我认为用'一'字好,因为'一'字不仅含有'满'的意思,而且古代诗句中就有'一江春水向东流'的说法。"

同学们听朱铮这么一说,也觉得有道理。是"满"呢,还是"一"呢?大家又一次陷入了沉思。

最后，还是刘凤祥同学打破了沉默的气氛，他说："我认为用'半'字好。我在一本书中看到，古代诗词中，有许多诗人喜欢用'半'字，而少用'一'字，如白居易的《暮江吟》中就有'半江瑟瑟半江红'的说法。再说'半'字说明一半江水明晃，一半江水暗幽，它显出了色彩的变化，又使意境显得深远含蓄。"

经过一番激烈的争论，大家觉得他分析得精辟透彻，头头是道，于是，一致同意刘凤祥的意见。这时，愁云满面的李老师脸上终于露出了满意的笑容，他转过身子，在黑板上写下了一个大大的"半"字。

说起这个"半"字，李老师还动情地给我们讲了这样一个故事：

说的是有一年的中秋时节，杭州的清风岭上，白鹤高飞，红叶遍野。高适任两浙巡察使时，前往浙东台州巡视，当晚便在清风岭上的一座寺庙里歇息。面对宜人的风景，高适不禁诗兴大发，于是，挥笔写下了"绝岭秋风已自凉，鹤翔松露湿衣裳。前村月映一江水，僧在翠微闲竹房"的七言诗句。写完后，他总觉得这个"一"字用得不好，但一时又想不出更合适的字来，于是，只好搁笔。第二天启程，走到半路，他忽然想到还是改为"半"字好，本想拨马回归，但又考虑到公务缠身，只好作罢。他巡视回来，专程取道清风岭来改这个"一"字。不料到寺庙一看，诗早被人改过了，这就是"前村月映半江水"的来历。

魅力解读

好一个"作文前奏曲",好一个有心的老师。巧设氛围,激发同学们的学习兴趣,培养同学们锤炼字词的能力,并为同学们提供写作的新材料,这就是名师的风范。故事别开生面,引人入胜,很有看点和味道。

"同学们能从高适改诗的故事中悟出一点什么来吗?"李老师问。

很快,同学们就叽叽喳喳地说开了。

有的说:"以后写作文,我们要学会多修改。"

有的说:"我们写作文,要尽量做到用词准确、贴切。"

……

"大家说得真好,现在,老师就请同学们把刚才说的内容写下来,算是今天的作文吧。"

于是,我迅速拿起笔,写下了这篇文章。

我的老师会武功

张 扬

嘿，同学，你见过知识渊博的老师吗？一定见过。那你见过会武功的老师吗？鄙人可以很自豪地告诉你，我们班就有一位会武功的老师，他就是我们的班主任——张永祥老师。张老师是一位江湖上响当当的人物，人称"打遍天下无敌手"。据说，他的绝招在江湖上已经失传很久了。怎么，你不信？我可是有真凭实据的。

绝招之一：葵花点穴手

葵花点穴手，是《武林外传》里盗圣的绝招。你可千万别误会，我们的老师可不是贼。这一招，他是专门用来对付宋迪的坐姿的。

宋迪是个高个子，一上课就趴在桌子上。由于坐姿不好，久而久之，他的背有些驼。张老师不想让他长大后成为驼背，于是，每当看见宋迪坐姿不好时，就先施展"隐身术"，来到宋迪身边，接着，只见张老师把手扬起，伸出两个指头就朝宋迪的背上点去，并大喊一声："葵花点穴手！"

顿时，宋迪挺直了腰。他红着脸朝张老师笑笑，表明自己没有受伤。看来张老师是手下留情了，自己的功夫用了不到一成。

从此，宋迪上课的时候，总是挺胸抬头，不

然,他怕不知什么时候就会中张老师的招。

绝招之二:狮吼功

张老师的"狮吼功"是对付同学们上课时窃窃私语的最好绝招。

这一天,张老师正在讲试卷。当讲到"天涯若比邻"时,一个同学问:"老师,'邻'字怎么写?"张老师微笑着走向讲台写。

谁知,张老师刚一转身,一些同学就发挥了"特长"——悄悄地说起话来。讲着讲着,悄悄话就不"悄"了。

只听张老师大吼一声:"别讲话!"接着,张老师转过身来,说:"要不我下去坐着,你们上来讲!"

同学们都被这突如其来的吼声震得魂飞魄散,顿时,教室里静得出奇。

不过,平心而论,张老师的"狮吼功"没有电影《功夫》里的包租婆厉害,不知是否是张老师对我们手下留情的缘故。

绝招之三:轻功

在武侠片里,轻功都是飞檐走壁。我们的张老师会不会飞檐走壁,我没有见过,不敢乱说,但我敢肯定的是,张老师身轻如燕。因为他来检查我们的宿舍时,常常是悄无声息,我们还没有反应过来,他就已经站在我们面前了。

以前,宿舍是同学们自娱自乐的"风水宝地",自从这位会武功的老师当了我们的班主任

后，一切都变了。在检查我们的宿舍时，张老师经常是数招并用，让我们防不胜防。

先是用"千里听音"功，一旦捕捉到我们宿舍里的动静，就会施展轻功，"飞"到我们面前。一看到宿舍里闹哄哄的，他就会用"狮吼功"大喊："都给我出去站队，既然不瞌睡，就去欣赏校园里的风景吧。"

当然了，"欣赏"的滋味很不好受。"欣赏"的次数多了，同学们午睡时，就再也不敢乱来了，个个都老老实实地躺下睡觉。

绝招之……

不能讲了，如果再讲，以后我就没有向你们炫耀的本钱了。欲知后事如何，且听下回分解。

啊，忘了告诉大家，电影里说"有人的地方就有江湖"，本文里的江湖仅限于我们新华小学。如果不说清楚，你们该说我是在吹牛了。

魅力解读

作者善于总结和归纳，把老师的特点分为几个部分，每部分介绍一个绝招。看似搞笑，实则表现出老师在课堂内外对同学们的关心和爱护。这样的构思和表达，类似于人物特写，写起来轻松，人物形象又很鲜明，具有很强的表现力。

林老师语录

郑智渊

前 言

林老师是我们的语文老师。他说话刁钻得很,高兴时可能把你捧到天上,发难时可能把你打入地狱,下面就是他平时的一些"酷"语。

一

"你们觉得我像秦始皇吗?(扯到哪儿去了?)我倒觉得你们一个个都像兵马俑。"(原来,是嫌我们上课不爱发言,课堂气氛沉闷。)

二

"通过这次考试,我发现我犯了一个严重的错误。(自我批评?)千不该万不该,我不该一直把你们当作自觉性很强的学生来教。"(原形毕露!责己为虚,训学生是实。)

三

"现在,我要送给同学们一个日本名字——竹本马户。这是个谜语,猜出谜底后必须把这个名字丢进垃圾桶。"(一星期后,我们终于知道自己是"笨驴"了。)

四

"看来,同学们都学会招领启事的写法了。接下来,让我们为森杰同学写一则招魂启事吧。他呀,人在教室里,魂儿早跑了。"(嘻嘻,森杰上课老爱走神。)

后 记

你瞧,林老师的嘴够损的吧。不过,说句心里话,我们都挺喜欢听他的课。因为他的话呀,越嚼越有味道,同学们都知道他这是"酷口婆心"啊!

魅力解读

写老师的文章多如牛毛,作者能集老师若干"酷语"成一篇故事,独辟蹊径,很有创意。首先,选材够"酷"。作者不是走老路,找一些老师的谆谆教诲、高尚行为来写,而是选择老师最"歹毒"的话语来写,这就走出了千人一面的误区,使文章个性鲜明。其次,语言够"酷"。作者的语言极为率真,毫无顾忌,"原形毕露""损人""酷口婆心"等,便是如此。事实证明,说真话就容易跳出套话、假话的模式。

"恐怖"老师

刘 乾

我们的班主任总是那么严肃,同学们都叫她"恐怖老师",有些同学甚至叫她"魔鬼终结者"。

"恐怖"老师很恐怖,只要你犯错,她那双法眼就会死死盯着你,而且还要盯着你的眼,那种感觉,真是不好受。不论任何时间,只要她一踏进教室,保准教室安安静静,鸦雀无声。尤其是那些犯了错误的同学,连头都不敢抬,即使还没被她发现。

期中考试,我们考得不太理想,让她很失望,她板着的脸上又多了几分怒色。那天,她一走进教室,我们就知道形势不妙:"火山就要爆发了!"

她的脸一直板着,阴沉沉的。我们呢,如同待宰的羔羊,一动也不敢动,完全被恐惧笼罩着,甚至连呼吸都像停止了。空气中似乎充满了炸药,稍有震动,就会爆炸。

"火山"终于"喷发"了,"岩浆"一喷出,便"点燃"了空气中的"炸药",震得我们耳膜都快破了。

"我只看结果,不管过程,我只讲缺点,不谈优点……"一串连珠炮似的轰炸,使我们抬不起头来,我们只能在心里暗暗地发誓:"期末,期

末,一定要考好。"

既然身为"魔鬼终结者",当然要终结"魔鬼"了。

我有点调皮,常常在班上惹一些小麻烦,难免要败坏一点班级的荣誉,但我的成绩很不错,所以,原来的班主任总是对我网开一面,因为我可以将功补过。这个恐怖老师可不同,她一当上我们的班主任,一下子就瞄上了我。不管我在班上有多么棒的成绩,照样把我定为重点整顿对象,隔三岔五地找我谈话。这下我可惨了,隔不了几天就要面对她那恐怖的眼睛、严肃的面孔。

我觉得我已有了很大的进步,她却认为没有达到预期的效果。她嫌我的自觉性不够,居然还派了个人来"监视"我。这倒没什么,我不在乎。没想到派来的是我的铁哥们儿,还宣布犯了错误要"连坐"。这一下可就整住我了,只要我稍有不轨,铁哥们儿就可怜巴巴地跑过来:"拜托拜托,不要害惨我了。"我只好规规矩矩。我这人最讲义气,从来不愿连累朋友。也别说,亏得她整顿了我,才过了半个学期,我整个人就变了,简直就是脱胎换骨。

她继续冷酷,"魔鬼"们也就只能选择脱胎换骨,否则,他们就会进"地狱"。

一个学期过去了,我们惊喜地发现:崭新的五(3)班在整个年级一枝独秀。当我们捧回那面"优秀班集体"红旗的时候,我们才发现,她也会笑,还笑得那么灿烂,一点儿也不冷酷。

魅力解读

文中的"恐怖"老师实质上是一位严厉的老师。作者选取了两件小事。虽略写了期中考试后老师的表情及语气,但写得很精彩,是不可多得的一笔。详写了"我"被"整顿"的经过,从中可看出老师恨铁不成钢及对学生教育的方法,赞美了老师教学有方、教育得法。"我们才发现,她也会笑,还笑得那么灿烂,一点儿也不冷酷。"作者在这样的描述中结束全文,真是恰到好处,这时的"恐怖"老师变得和蔼可亲。

另类老师

张　瑾

以前一上语文课，我们班都是"这里的黎明静悄悄"，自从"另类老师"来了以后，我们上课，节节都是"难忘今宵"了。

"嗨，哈喽！"真是未见其人，先闻其声。门还关着，"另类老师"的男高音就响彻了教室。紧接着，门好像被强劲的风推开了，"另类老师"像武打明星一般，一个箭步走上讲台。他的双手高举过头顶，不停地摆动着，大声说："大家好！"

同学们也开心地大叫："老师好，老师好！"

欢笑声此起彼伏，一浪高过一浪，场面就像"另类老师"在开个人演唱会。

上课的过程更有意思了，"另类老师"常常会像大卫·科波菲尔一样变出一些新奇的高招。

下午第一节课最让人昏昏欲睡，这节课若是语文课的话，情况就大不相同了。"另类老师"会突然诡秘地一笑，随后一只手握成拳头，饶有兴趣地说："猜猜猜，大家都来猜一猜，谁能猜对我手里有什么好东西，我就把它送给谁。快来猜，猜中有奖！"

同学们马上精神振奋，纷纷竞猜。有的说是橡皮，有的说是硬币，有的说是泡泡糖……结

果都不是。

等大家被搞得一头雾水时,"另类老师""啪"的一下把手掌打开了,原来是块德芙巧克力,亮晶晶的包装纸馋得同学们直咽口水。

平时,"另类老师"出奇制胜的高招有的是。虽然别的老师说我们上课嘻嘻哈哈,我们班的语文成绩在年级中却总是名列前茅,"另类老师"说这就叫"寓教于乐,事半功倍"。

"另类老师"用自己的爱心和智慧为我们创造出丰富多彩的学习氛围,天下的老师如果都这样"另类"的话,我们还会厌学、逃学吗?

魅力解读

苏联教育家苏霍姆林斯基有句名言:"没有教不好的学生,只有不会教的教师。"这篇故事中的"另类老师"就是一位会教的老师,他寓教于乐的教学方法使得课堂充满了趣味,洋溢着激情,获得了学生们的好评,也令人深思:到底什么样的老师才是真正的好老师?结尾的话发人深省。

"树洞"老师

高云志

说到印象最深刻的老师,那就非"树洞"老师莫属了。与他交流的几年时间中,我们真正领略到了"作文"二字的含义。

"树洞"老师姓田,名树东,谐音"树洞",已执教二十多年。田老师不高不矮,不胖不瘦,面貌看似平凡的他却有着丰富的作文知识和一颗孩童一般的心。

我上三年级时,田老师开始担任我们的语文老师。第一节作文课,他就让我们领略到了非凡的"功力"。

星期五下午,上课铃响后,田老师缓缓走进教室。他的眼睛无神,懒洋洋的,一副茫然的样子。尤其是那凌乱不堪的"鸡窝"头,让我们忍俊不禁,有的同学竟"嗤嗤"地笑出声来。田老师听见笑声,赶紧打起精神,整理头发,开始讲起课来。

"今天,我们要写的作文题目……"说着,田老师打趣似的指了指刚刚还很凌乱的头发,"一首杂乱无章的诗!"又引得了一阵笑声。

"对,就是写刚才。同学们不用想象,不加心理描写,只是把自己看到的、听到的写下来,就可以了。"

话音刚落,同学们就根据自己的回忆写了

起来。大约十分钟后,每个人都写完了作文,只不过这些作文都因没有加各种描写,而显得平淡无奇。

"现在——"田老师说道,"大家回忆一下,看到'鸡窝',你有什么动作?老师又有些什么动作?你想象一下,'鸡窝'是怎样形成的?大家回忆、联想一下,在原文上修改。"立刻,教室里只剩下沙沙的笔划过纸面的声音。

我们刚把作文改完,下课铃响了。此时,呈现在我们面前的不再是无味的文字,而是一篇篇优秀的小练笔。在同学们心中,老师就像一个树洞,他的"透过现象看本质"的方法,使我们迅速掌握了作文的基本写法,于是,"树洞"这个称号就在同学中间传开了。

"树洞"老师除了有丰厚的课外知识和独特的教学方法外,还有很多特殊的作业。

一次,他让我们写班歌。班歌到底要怎样写呢?我们可从来没接触过这样的作业。以前无非就是做做练习题,抄抄生词。没办法,我只好硬着头皮写,就像写童诗那样,没想到老师夸我写得好,并让我当堂念一念。

你别说,近几年我们班里涌现出不少"小作家",频频在一些报刊中亮相。这些成绩固然是自己不懈努力的果实,但更是"树洞"老师指点得当、教法新颖的结晶啊。

这就是我们的"树洞"老师,一个让人难忘的老师。

魅力解读

作者笔下的老师:惺忪的睡眼,凌乱的鸡窝头。作为老师,是有点怪,但他"自损形象",是为了教学生写出好作文,这就显得很可爱。生活中,一些特别的、与众不同的人往往能够给我们留下深刻的印象,同学们要多留意、多观察,有了丰富的积累,也会写出令大家惊喜的故事来。

"懒"老师

曾 京

这天下午的课外活动,我正在教室写作业,忽然,感觉教室门口的光线暗了下来,抬头一看,哦,"懒"老师来了。

"懒……哦,赖老师好。"万幸,他没有听清我脱口而出的第一个字。

"无事不登三宝殿。"他笑着说,慢慢走到我身旁坐下,一手拿出一叠稿件,说:"六一节快到了,学校准备出一期专刊。这是初审稿件,你再选出十几篇,修改后给我。"他也不管我愿意不愿意,就硬是把任务塞了过来。唉,"懒"老师真是懒!

就说作文课,别的老师教学都有不成文的程序。首先,来个开场白,接着念几篇范文,大发一通评论,接下来,就是布置一篇作文,附带一大堆提示,滔滔不绝,不厌其烦。"懒"老师却不这样,他课前复印几篇文章,叫同学们打分数、提意见、帮助修改。同学们争得面红耳赤,他却仰着脸眯着眼逍遥自在地坐在讲台一侧。看着同学们快要"大动干戈"时,他才"鸣金收兵"。

大家都说这样好,我却认为,他太懒了。他的大名为:"赖思","赖"和"懒"只差一个"心",于是,我们便称他为"懒"老师。

"懒"老师是校队委宣传委员,出专刊的事由他负责。起初他叫我们几个能书会画的同学帮帮忙,后来竟把组稿、编排、抄写等任务全托给我们了。你看,今天,他又来摊任务了。

一天后,我把选出来的十几篇文章改好,到"懒"老师那儿去交差。

"弄好了吗?很好。"他从抽屉里拿出纸,对照我选出的文章说:"倒还吻合,不错嘛。"原来他已选好了,只是让我尝试尝试。

晚上,我和几个能书会画的同学便干开了。编稿、排版、抄写、插图……"懒"老师也不清闲,他又是折纸,又是泡茶,还指导我们编写,里里外外忙得不亦乐乎。

我们终于完成任务了。突然,"懒"老师像发现了什么:"咦,怎么这地方还空着?"于是,他让我在空白处用鲜红的广告色写上我的名字——"总编辑:曾京"。写时我的手在颤抖,心里却溢着笑。

"懒老师……"完了,习惯成自然,怎么又称他"懒"。我不好意思地低下头,挠了挠头皮。

"不要紧嘛,其实你们叫我'懒老师',我早就知道。可你们知道吗,'赖'变成'懒',多了个'心',我这个'懒老师',也是用心换来的呀。"

魅力解读

作者采用欲扬先抑的方法,先写了赖老师的几件"懒事":作文课自己不说或少说,让学生多想多练;学校出专刊,稿件已确定,却故意让学生重选;编辑、设计版面等工作,让学生动手,自己在旁指导;"总编辑"的头衔让给学生。读完故事,我们才明白,"赖"老师这样做,目的是培养学生独立思考及动手的能力。至此,一个煞费苦心、教学有方的老师形象展现出来了。

"麻烦"班主任

邓一全

上五年级后,黄红军老师担任了我们的班主任。

第一天上任,他便自我介绍说:"同学们,我是个不怕麻烦的班主任。"不久,同学们便在背地里称他为"麻烦"班主任。

玩了一个暑假,有些同学做作业不认真,乱写一气,字迹潦草,黄老师就"麻烦"他们重做。这些同学望着作业本,吐了吐舌头,心想,真是麻烦。

当他们再一次交上作业本的时候,字迹端正了,答案正确了。见此,黄老师笑着说:"麻烦各位了!"

有一天,轮到我们几个值日,我们怕老师"找麻烦",把地扫得非常干净。谁知黄老师一检查,竟说桌椅摆得不整齐,要求我们重排。唉,真是麻烦。

更让人觉得"麻烦"的是,黄老师竟别出心裁地给每个同学订了一本《学生每日在校表现》评估册。

他把每个同学每天在学校的表现加以评估,记录在案,非常具体。这样一来,每个同学都清楚自己每天在学校的表现了。哪些方面做得好,哪些方面还不够,一目了然,这样,大家就

有了努力的方向。

自从黄老师当了我们的班主任,他就不停地找"麻烦",班里的同学也在不停地进步。不久,学习风气好了,课堂纪律好了,关心集体的同学也多了……很快,同学们的精神面貌就焕然一新。

你说,我们能不感激这位"麻烦"班主任吗?

魅力解读

居然敢说班主任老师"麻烦",真是太岁头上动土啊!一看到故事的题目,就让人有这种感觉,不过,越看下去,越觉得作者是虚晃一枪,他哪是在埋怨老师,明明是在夸老师。文中,"麻烦"这个词用得很精彩,正话反说,通过此,既把老师的责任心、耐心、对学生的爱心突出地表现出来,又表现出学生对老师良苦用心的理解。高,实在是高!

瞧这位老师

潘 霞

王老师是我五年级时的班主任，兼教语文。他五十多岁，中等身材，两鬓斑白，眼角已有了不少的鱼尾纹，但视力非常好，到现在还不用戴眼镜。除了不戴眼镜外，他还有许多特别的地方。

布置作业与众不同

五年级了，我已经作好充分的思想准备，准备迎接"多如牛毛"的作业。王老师布置作业却大大出乎我的预料，语文作业不但不多，而且让我们自己安排。

例如，抄写每课的生字、新词，他从来不硬性要求每个同学必须抄写多少遍，而是让我们自己做主，愿意抄写几遍就抄几遍，会默写就行，用他的话说，叫做"我的作业我做主"。这样，不但减少了机械复制的时间，同时还培养了同学们会学、乐学、自主学的习惯。也有些心存侥幸的同学不自觉，王老师检查后发现这些同学不会默写，后果可不是你想象的那么简单，这些同学必须按他的要求去补写，直到会默写为止，这就是所谓的"奖勤罚懒"。

哎，这招真"阴险"呀！不过，王老师的这种方法还真管用，那些不做作业的"偷懒分子"，也慢慢学会了自主学习。

身体力行做榜样

记得有一次吃午饭,倒吃剩的饭菜时,有的同学把饭粒菜汤倒在了桶外,大家视而不见。

午自习时,王老师走进教室,一眼就看见了地上的米粒菜汤。他二话没说,从洁具柜里拿出笤帚,把地面打扫干净。

看到这情景,同学们的脸羞得通红,就像一个个熟透的大苹果。从此,地上脏了,同学们都能自觉打扫干净。

上课幽默效率高

叫他老师,不如叫他"老幽默",因为上他的课,我们常常被逗得哈哈大笑。

一次上作文课,王老师给我们读一篇同学的习作。这篇习作生动有趣,再加上王老师绘声绘色地朗读,我们笑得前仰后合。周海峰笑得尤其厉害,他嘴里的大牙都能清楚地看见。

王老师见状,便开玩笑道:"周海峰,你嘴张那么大是很危险的哦,如果一不小心把大牙笑喷出来,砸到前面同学的脑袋,可是会出人命的。"他边说边把手向前一推,做了个喷出的动作,比马戏团里的小丑还搞笑。

就这样,我们跟着王老师在轻松快乐的气氛中学习,在不知不觉中掌握了知识,同学们的语文成绩明显提高了。

魅力解读

这位老师有特点。行文中,作者借助于三件事,把老师教学有方、身体力行、性格幽默等不同常人的地方作了具体展示。文笔朴实,一点也不矫揉造作。选材很有说服力。学校有这样的老师,学生怎么能不喜欢呢?

怪老师

寇 强

教我们数学的是一个女老师,她姓李。她的教学方法跟别的老师截然不同,时间久了,同学们都叫她"怪老师"。

一上六年级,我就做好了做大量作业的准备。谁知上课的第一天,数学老师只留了三道计算题。

开学的第一天留这些作业,我不以为奇,刚开学嘛,当然不能留很多,苦日子还在后面呢。谁知,一个月过去了,我们的作业还是那么一点儿。

我沉不住气了,心里直翻腾:都上六年级了,哪个学生不是"头悬梁,锥刺骨",谁敢这么轻松?

李老师留的题不但少,而且怪。

有一次,在验算时,我无意中发现一道题可以用两种方法解答,就顺手写了下来。谁料第二天,李老师红光满面地走进教室,美丽的大眼睛笑成了一条缝,她说:"这次作业表现突出的是寇强、周亚楠两个同学。"李老师接着说:"学习要注意积极思考,要采用灵活的方法,要主动发现问题!"

听了这话,我可乐坏了。从此,每次做数学题,我都留意每一道题,看还有没有其他的解法。

说来也怪,李老师布置的题十有八九都可以用两种方法来解。学习有了兴趣,连一向不爱写作业的马龙,也不再愁眉苦脸、唉声叹气了。渐渐地,我们做作业,已经由一种负担,变成了一种快乐。

这个怪老师可真有办法,半个学期下来,我们班的成绩直线上升,连不爱学习的同学,也如痴如狂地喜欢上这门功课。平时,一看见李老师走进门来,同学们就高兴;一听说上数学课,大家就兴奋。

你看,李老师怎么这么厉害?

在我眼里,李老师是一个名副其实的怪老师。

魅力解读

这个老师的突出特点是:第一,她不搞题海战术;第二,她留的每道题都有多种解法,这样,能培养学生勤于思索的习惯。作者也是一个怪才,故事内容新颖,不落俗套。他没有写老师如何熬夜加班,而是从老师的不平常处着手,来展现人物鲜活的特点,这种方法值得同学们学习。

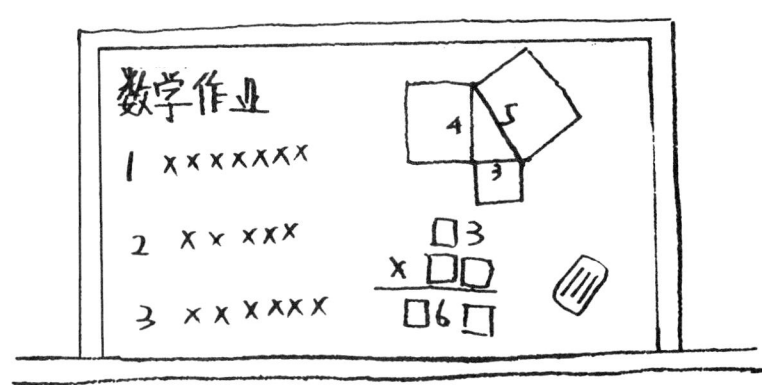

老师,还给您 5 分

刘 洁

又到发英语试卷的时候了,我低着头,咬紧嘴唇,心里忐忑不安。我怕这次英语再考不及格,我怕老师责怪、愠怒的眼神和同学们轻蔑、嘲笑的神情。

"赵楠××分,蔺金玲××分,陈鹃××分……"我仔细地听着,忧心忡忡。

"刘洁……"听到自己的名字时,我的心突然悬在了半空,当听到老师念"64分"时,我悬着的心才慢慢放下来,但我仍然不相信自己的耳朵,我能考及格吗?

英语老师看我怔在那里,又一次提高嗓门说:"刘洁,64分!这一次,刘洁同学进步很大。通过不懈努力,这次考试她终于及格了。我们完全有理由相信,只要她继续努力,一定能学好英语。"

我从老师手里接过试卷,看着那鲜红的64分,我依然有点不敢相信自己的眼睛。我把试卷上的分数加了加,心里不由得"咯噔"了一下。不对呀,我应该得59分才对啊,老师怎么多给了我5分呢?怕自己算错,我又算了一遍,还是59分啊。老师为什么多给我5分呢?我心里疑惑极了。

这时,我突然发现,在试卷的背面用透明胶

带贴着一张小纸条,上面写着:

刘洁同学,你是个用功的好孩子。虽然几次考试都没有考好,但是你没有气馁,依然坚持,努力学习。老师相信,只要你不断努力,英语成绩一定会提高的。这5分是老师暂时借给你的,等你下次考好了,再还给老师好吗?

看着看着,我的眼角不由自主地湿润了。

又一次英语考试,又一次英语试卷发下来了,由于我的努力和老师、同学们的帮助,我竟考了73分。英语老师特别高兴,她表扬了我。

我也很高兴。跑到讲台上,我悄悄地对老师说:"老师,我可以还给您5分了。"

说着,我和老师都笑了。

魅力解读

这是一篇很美丽的故事,它的突出特点在于,作者把自己前前后后的心理活动刻画得淋漓尽致,对比鲜明,对于表现故事的主题,起到了很重要的作用。另外,文中的这位英语老师,虽然着笔不多,但他对待学生的良苦用心,让人感动。最后,"我和老师都笑了",表现出师生之间亲密的感情。

"三绝"老师

庞宇豪

我的英语老师苦苦修炼了九九八十一天,经历了九九八十一难,终于领悟了三大绝世神功,现在特别奉献给大家。

一绝:痒指神功

"丁零零……"铃声响彻教室,各位同学先是一愣,然后,在教室里的立马坐好,在外边游荡的二话不说,快马加鞭冲回教室。

随之,"三绝"老师走进教室,并迅速扫视讲台下面。各位同学都到齐了,且坐得端端正正,一动不动。

"好了,我们开始上课。"老师终于发话了。

"呼!"众人深呼吸。

课才上了一会儿,徐郡晨就坐不住了,每每老师转身,他就滔滔不绝地跟周围的同学谈笑风生。他并不知道,岂能逃过"如来佛祖"的火眼金睛,老师可是看在眼里,计在心头呀!

过了不多时,老师侧着身子,斜着双眼,装出一副看书的样子,瞟了徐郡晨一眼,终于忍无可忍,他就发话了:"徐郡晨,你来回答一个问题,如果回答不对,嗯——"老师说着,使了个眼色——他将遭受老师费尽心力练出来的"痒指神功"。

"啊?"徐郡晨吓得差点儿没晕倒。

老师见时机已到,走到徐同学跟前,闪电般地伸出两个手指,以迅雷不及掩耳之势插到了他的腰上,猛地抖啊抖啊。徐同学面对这突如其来的一击,一中即笑,大牙都露出来了,想抵挡,战斗指数已变成了零。老师还没使出三成功力,徐郡晨早就被痒得"五体投地"了,他连声求饶,所幸老师还没有修炼到走火入魔的程度,住手了。

徐郡晨全身都软了,差点儿连骨架都散了。

二绝:酷言酷语

那次班里搞水果拼盘活动,身怀拼盘绝技的各位"高人"云集一室,大显身手。

看看各组的拼盘都已经做好,"三绝"老师发话了:"嗯嗯,今日乃'大喜之日',就让我们尽情享受水果的'沐浴',共同打造……"教室里鸦雀无声,老师竟小声说道:"忽然忘了台词,敬请见谅!"

众人晕倒!

无意间,老师瞅见陈龙拿了瓶白色的奶油,他就明知故问:"陈龙,你那瓶是啥东西?是不是擦鞋膏?正好我这双皮鞋有点脏了,借点儿给我闪亮闪亮吧!"

众人狂笑。

直到把大家的胃口都吊起来了,老师才发话:"想吃拼盘的同学请前来参加跑步比赛,不论输赢,均有奖励!"

魅力解读

这位老师真是绝啊,为什么绝?因为他跟一般老师不一样,具体说,就是他与同学们是朋友,彼此亲密无间。这样的老师学生不怕,这样的老师学生肯定喜欢。喜欢就是降服,喜欢就能够激发出同学们的学习积极性。本文幽默感十足,读着,令人开怀大笑。

大家都跃跃欲试,火速报名。不多时,教室门前便喧闹声震天。

三绝:"赌"神

一下课,"三绝"老师便与各派高手厮杀开来,顿时,教室里升起一阵阵"硝烟"——开"赌"了。

"三绝"老师打扑克可真够绝的,他就是关羽,能够过五关斩六将。刚才一个"飞龙在天",这会儿一个"横扫千军",待会儿又一个"引蛇出洞",一阵狂轰滥炸,各位勇士陆续倒下,惨不忍睹。

很快,老师的大名就传遍大江南北。短短两天,他就收到了十几张纸条——询问他"赌技"为何这么高。但不管怎么问,老师总是一句"此乃天机,不可泄露"。无奈,同学们就开始胡思乱想了:

"老师是不是研究透了《孙子兵法》?"

"他是不是有神的保佑?"

"我怎么没那个命啊?"

……

我班的"三绝"老师够厉害吧?欲知更多感兴趣的事情,请看下回分解。

超酷派之五：新奇创意亮眼球

4月1日是愚人节，这个节日对我们班的同学来说意义不大。我们更在意的，是我们班同学独创的4月2日的"男生女生交换日"。今年的4月2日，我们中华小学六(6)班的男女生就过了一个交换日——在这一天，男生要做女生常做的事，女生要做男生常做的事。

男生女生交换日

陈 祥

4月1日是愚人节,这个节日对我们班的同学来说意义不大。我们更在意的,是我们班同学独创的4月2日的"男生女生交换日"。

今年的4月2日,我们中华小学六(6)班的男女生就过了一个交换日——在这一天,男生要做女生常做的事,女生要做男生常做的事。

女生扮男生

这天早上一来到学校,女生们就风风火火地摆开了阵势,她们扬言要去操场踢足球。我们男生当然叫好,甘心做她们的啦啦队,实际上,是想看她们怎么摆弄那圆圆的足球。

操场上围满了人,女生显得有些紧张,第一个球就踢到了操场的看台上,令围观的同学大呼"危险"。大概是她们的力气实在太小吧,或许是她们原先根本没接触过足球,所以,虽有阵势,却没有踢入球门一个球。那两个球门像在西伯利亚一样,永远是那么寒冷,荒无人烟,守门员估计可以睡上一觉。

就这样,踢到了预备铃响,操场上响起了一片"惊天地泣鬼神"的嘘声,女生们带着零比零的战绩回到教室。

男生扮女生

看完了女生踢足球,下午的课外活动时,男生们踢起了毽子。这时,原本在女生脚上很听话的毽子变得不听话了。围观的同学看了老半天,更多的是见到那些男生不时地弯腰捡毽子,却不见毽子在空中飞舞的身姿。

放学回家,男生还洗起了衣服。虽然洗得很认真,洗得很辛苦,但妈妈有"火眼金睛",开始挑刺:你洗的衣服可不怎么干净啊,洗好的衣服上面还有肥皂泡呢……

看来,不管是男生扮女生,还是女生扮男生,都不是一件容易的事,我们不能只看到自己的长处。在以后的日子里,我们男生、女生还是应当好好相处的。

加油,男生!加油,女生!

魅力解读

本文的特点,一个"新"字。首先,选材新。"男生女生交换日",多么新鲜啊,嘿嘿,这可是作者他们班独创的节日哟。选这样的材料写故事,能够吸引住读者的眼球。其次,结构新。开篇由愚人节入题,引出我们班独创的"男女生交换日"。将两个有趣的节日相提并论,故事的趣味倍增。接下来的描写,很像电影的分镜头,一边是女生扮男生,另一边是男生扮女生,两组镜头清晰生动。最后写感受,故事漂亮收笔。

一节飘香的作文课

崔相通

一个凉风习习的下午,我们正在教室里聚精会神地听老师讲课,一阵微风吹来,一股清香迎面扑来。同学们不约而同地说:"好香呀,好香呀!"

王老师朝窗外望去,兴奋地说:"同学们,快看,丁香花开了!"

同学们呼啦一下挤到窗户边,大声嚷道:"真的开了,真的开了,丁香花开了!"

王老师一边笑,一边说:"同学们别挤了,今天我们就在丁香树下上一节作文课。"

同学们一听,立刻欢呼起来。

我们走出教学楼,淡淡的清香在操场上弥漫。

远远望去,一株株丁香树像落满晶莹雪花的圣诞树,圣洁而又诱人。其中,紫色的花显得那么华贵,闪着紫微微的光亮,从花蒂到花瓣,紫色由深到浅,过渡得那么均匀、那么自然。盛开的白丁香,如雪、如玉、如飞溅的浪花,它们相互簇拥着,在微风的吹动下,像一个大花篮。

来到丁香树下,浓郁的清香沁人心脾,让人感到神清气爽。我们围着丁香树坐着,王老师让我们靠近身边的丁香花,叫我们闻闻花香。同学们深深地吸着气,都想带走全部的香气。

王老师指着一大团丁香花,一边让同学们看,一边和蔼可亲地问:"大家数一数,看这一团花是由多少小花组成的?"

同学们七嘴八舌地说:"太多了,数不清呀?"

王老师笑了笑说:"这么多,像什么?"

赵涣君抢着说:"像满天的星星!"

"比喻得太恰当了,恭喜你,你会使用比喻句了。"王老师幽默地说,同学们都哈哈大笑起来。

王老师指着一朵小花,让我们每个同学看:"每一朵小花有几个花瓣?"

田家华数了数,说:"有四个,像水滴。"

"又像一对小翅膀,向外伸展着。"赵博笑嘻嘻地说。

"老师,丁香花穿着白色的衣裙,伸着一双双小手,在向我们招手呢。"王馨瑶晃着头说。

王老师摸着她的头惊讶地说:"你的想象力太丰富了。"

"同学们,王馨瑶把丁香花当成什么了?"

王蒙说:"当成女孩子了。"

"这种方法就叫拟人法。"王老师兴奋地说。王老师又给我们举了几个拟人的例子,逗得同学们哈哈大笑。

接着,王老师又说:"同学们,描写花朵,先要认真观察,看一看它的颜色、形状,再用几个生动的形容词,加上比喻、拟人等修辞方法,把它描述出来,如果能发挥自己合理的想象,表达

魅力解读

故事紧紧围绕"飘香"这一主线,立意新颖,思路清晰,层次分明,结尾富有诗情画意,给人以无限的遐想。作者写出了丁香花远看、近看的不同特点,以及老师是如何引导学生观察、感受丁香花的形状、颜色的。行文中,作者把老师的语言、动作、神态刻画得细致入微。在飘香的氛围中,在老师的谆谆教导下,作者浮想联翩,由丁香花散发的香味,联想到飘满香气的学习生活,产生了很好的表达效果。

就会更生动。"

王老师一会儿指着花,一会儿看着我们,眼睛里闪动着智慧的光芒。丁香花那迷人的清香在我们师生间飘荡,同学们听得津津有味。听着听着,我忽然觉得同学们都变成了一棵棵的丁香树,王老师成了一位园丁,他手提水壶,为这棵浇浇水,为那棵捉捉虫,还不停地说着什么。

一棵棵丁香树开出了美丽的鲜花,它们瞪大眼睛,挥动着小手,好像在说:"王老师,我在这里,我在这里。"王老师亲亲这个,摸摸那个,露出了欣慰的笑容。

闭着眼睛画画

丁自明

如果告诉你今天我们在语文课上做了些什么,你一定会瞪圆眼睛、张大嘴巴,惊讶地说:"这是天方夜谭吧?"我们在语文课上做了什么呢?告诉你吧,我们体验了一下闭着眼睛画画的情景。

吉老师首先请卢小凯同学来体验。

卢小凯说他要画一棵茂密的大树,大树边有一栋小房子,这是一个小朋友的家。房顶有一个烟囱,上面冒着缕缕青烟。蓝蓝的天空上飘着几朵白云,还有鸟儿在自由地飞翔……他介绍完后,老师用红领巾蒙住他的双眼。同学们像指挥机器人似的,告诉卢小凯怎样才能走到黑板前。吉老师把粉笔放到他手里,他摸索着直到自认为到了黑板中心的地方,才停了下来。稳定了一下情绪,卢小凯战战兢兢地拿起笔,开始画起来。

他每画完一样东西,就往别的方向移动一些,再接着画。

没等他画完,同学们就议论纷纷:

"这是什么东西啊?"

"房子都乱套了!"

"这真是瞎画啊!"

……

"卢画家"画完了,同学们都笑得前仰后合,有的还笑出了眼泪。

原来他画的是:云朵和房子并排,小鸟儿(辨认了好半天才看出来)会"穿墙术",它的大半个身子在房内,一小部分身子在屋外。小草也追求新生活,集体"移民"住在了树上,而房子则散了架,像受了袭击,惨不忍睹……

接着,老师让我们每人在练习本上练习闭眼画画。

我非常兴奋,但是,又怕画成丑八怪。我想画一座高楼,周围有绿油油的小草,头顶有火红的太阳、美丽的白云。

我拿起笔,闭上双眼,紧张得手都抖了起来。我用手试探着,大约过了10秒钟,觉得摸到了纸的中间位置,这才小心翼翼地画了起来。

我先画了一个又大又长的长方形,当大楼的轮廓。觉得太大了,想再加上一截,又害怕弄得更难看,只好画起了窗户。画几个呢?对了,一行两个。

我摸索着在纸上画出脑海中想象的正方形,每画完两个,就把笔往下移一些……太好了,就差太阳了!我摸到纸的最上端,又往下移了一些,开始画太阳。我先画了一个圆当太阳的主体,又小心翼翼地画起太阳公公笑眯眯的眼睛、小嘴。最后画了几条射线,当太阳的光芒。

啊,终于画完了。

我迫不及待地睁开眼睛一看,差点儿晕倒。

因为画面是这样的:左上方有一个黑色的球,还和许多黑线交织在一起。我把眼睛贴在纸上老半天才看清,原来那是太阳。楼房上的窗户"很不团结",有的挤在一堆,好像在打斗,有的"离家出走",到了房外。小草有的在楼上"旅游",有的甚至去找太阳玩了。

看着这幅好玩、有趣的画,我陷入了沉思:我原来觉得,能看见光明的世界很正常,所以并不珍惜这良好的条件,通过这次的活动,我明白:一定要珍惜现在的生活,另外,对盲人要有一颗博爱的心。

魅力解读

作者用细腻的笔法详细描述了语文课上一次有趣的活动——闭着眼睛画画。课堂的气氛是那么活跃:有表演者的演示,有同学们的谈笑,有自己的练习,有对成功的期盼。语言活泼,层次清晰,画面感强。这些喜乐与结尾的沉思形成了鲜明的对比,很好地揭示了故事的主题。

上课吃东西，好吃又好玩

顾 斌

今天上课的时候，李老师带来了两包"开口笑"。我好奇怪，上作文课，带吃的来干什么？

上课后，李老师让我们先想象一下"开口笑"是什么样子的。原来是这样，李老师大概是要用"开口笑"来做教具吧。早知道，我只要到食品店里观察一番，就知道了嘛，不过，我还是胡乱地想象起来：它的颜色是白里带点黄色，它的形状就像是花生，它的个儿比花生要略小一些。它的味道嘛，应该是甜里带些咸的，咬上去的感觉应该像咬棒棒糖一样……

我正想着，李老师把两包"开口笑"打开，分发给我们。发了一会儿，李老师发现"开口笑"不够了，李老师就让先发到的同学把"开口笑"让出一些，给那些没有拿到的同学。

"我这里有！"

"我这里也有！"

同学们都愿意把自己的一份匀出一点，分发给其他的同学。只是发到最后一个同学时，还是没有了。我看了看自己桌子上的"开口笑"还有一些，就向李老师提出再把我的分一点过去。李老师走过来，拿走了一些，他还表扬我说："很好，这位同学很好！"

接下来，我开始仔细观察"开口笑"。我发

现它的颜色是土黄色的,个儿比花生要大得多,它的形状就像是被踢破了的皮球,上面还粘满了芝麻。它闻起来很香,吃到嘴里,确实像吃棒棒糖似的。

我本来以为"开口笑"一定是很脆的,等到我拿了一个放到嘴里一咬,哎呀,真硬,我的牙齿仿佛都要被崩掉了,不过,我还是勉强地吃了下去。吃第二个时,我吸取了前面的教训,先把"开口笑"含在嘴里,过了一会儿,再试着轻轻地咬,这一回才感到"开口笑"真的很可口,啊,真好吃!

我用这个办法又吃了几个。吃着吃着,我好像上了瘾似的,还想吃,只是桌面上只剩下一些碎芝麻了。我用手指把它们聚集在一起,把嘴凑上去一吸,啊,好香的芝麻!然后,我不假思索,就把吃"开口笑"的过程一五一十地写了下来。

看同学们写得差不多了,李老师让我们给这段记叙文加一个标题,并把各自的标题写到黑板上去。李老师让我们考虑两分钟,两分钟还没有到,我前面的一个同学就打了头阵,他在黑板上写道:"开口笑,吃得牙齿掉。"很快,同学们都陆陆续续到黑板前写,顿时,黑板前被挤得水泄不通。我好不容易挤到一个位置,写上"开口笑,吃得笑哈哈"。

最后,李老师让我们对黑板上的题目进行比较、评选。虽然我的题目得票不多,我还是很高兴。经过评选,得票最多的题目是"上课吃东西,好吃又好笑"。

这真是一堂既有趣又有意义的作文课。

魅力解读

吃东西也能够写故事?是的,吃、喝、听觉、味觉等,都能够写成故事——世界上的一切事情,都可以写到故事里去。本文记述的是吃"开口笑"的过程,目的是培养同学们的观察、感受和表达能力。材料新鲜,文笔活泼,写得有声有色,内容既有趣,又很有意义,是一篇很有特色的故事。

魔术变变变

范玉洁

在人们的眼中,魔术是一个神奇的世界,令人向往。今天,我们班以"魔术"为主题,开展了一次"魔术变变变"的活动。我捕捉了两个精彩的镜头,大家快来看看吧。

急中生智

活动开始了,李添翼大步流星地走上讲台,表演起了他的签名魔术。

首先,他请杨杰走上前,在一张纸上签上自己的名字。三笔两笔,杨杰便把自己的名字写好了。李添翼把这张纸撕碎,让大家看了看,然后说:"我用打火机把这些纸片烧了,它们还能奇迹般地复原。"

我一听,顿时来了兴趣,同学们都目不转睛地盯着李添翼,希望能找出破绽。

只见李添翼的手在口袋里摸索了几下,脸色一下子变了,接着,他又使劲掏了几下,他尴尬地笑了笑,说:"哎呀,我忘带打火机了。"突然,他眼前一亮,急中生智,说:"不过,也没关系,我给它运运气,照样能成功。"他说着,冲着同学们诡秘地笑了两笑,扬起手掌往前推了推,又吹了几口气,然后,慢慢地展开了手里的那张纸。哇,那张纸居然完好无损。

教室里立刻炸开了锅,同学们议论纷纷。

有的说:"他是怎么变的呀?"有的说:"咦,难道这纸有什么名堂?"大家百思不得其解,李添翼却只是得意地笑,并不揭开谜底。

虚惊一场

该杨钧岚表演了,她一个箭步冲向讲台,像古代少女一样,挥动着手中的手帕,神秘地笑着说:"这是一块普通的手帕,我把大拇指包在里面,用打火机点上火,手帕是不会烧坏的。"

大家听了,不禁为杨钧岚捏一把汗,生怕出什么意外。杨钧岚从容地掏出打火机,一手拿着手帕,另一只手的拇指伸了进去,接下来,最精彩的一幕开始了。

只见杨钧岚一手紧紧地攥住隆起的手帕,一手拿着打火机,"啪"的一声,打火机冒出了一束火苗。她将打火机小心翼翼地凑近她包着手指的手帕,啊,手帕被点燃了,这样,手帕不是会被烧坏吗?只见杨钧岚以迅雷不及掩耳之势将右手的食指伸到火边,轻轻一抹,一刹那,火就灭了。当她展开手帕时,同学们个个目瞪口呆,面面相觑。真实太不可思议了,手帕竟完好无损,这情景真让人丈二和尚摸不着头脑。大家愣了好一会儿,才响起了震耳欲聋的掌声。

通过这次活动,同学们玩魔术的兴趣大增,也对科学更喜爱了。

魅力解读

一看题目,就给人一种很强的悬念效果,因为魔术本身就能够给人一种神秘感。选材新颖,构思巧妙,表达流畅。行文中,作者重点展示了两个特写镜头,绘声绘色的描写,妙趣横生的情景,体现出魔术的趣味性和神秘性,读后,令人大开眼界。

第一次被采访

吕 笑

这堂是口语交际课,罗老师让我们扮成小记者,对班中的同学进行采访。采访可根据对方的特点提出问题,也可就大家关心的话题请他谈谈看法。

这下班里可热闹了,我第一次被采访,同学们第一次被采访,老师第一次被采访。

同学们沙沙地在纸条上拟好采访话题,就高高地举起了手。

"有请第一位小记者梁豆进行采访。"说着,老师把话筒递给了梁豆。梁豆是我们班的班长,是出了名的"嘴官",她的问题一定很尖刻,回答不了,多难看!

作为梁豆学习上的"对手",我在心里暗暗嘀咕,把头埋得低低的。我的心里像揣个小兔子,怦怦直跳,天啊,千万别采访我。没有想到的是,怕什么来什么。

"我要采访一下吕笑同学!"梁豆边说边向我走来。

我心想:梁豆呀梁豆,在学习上你把我看成竞争的对手,这次采访,怎么就不能放过我一回?

"请问,你为什么学习这么好,你是怎样学习的?"

嗬,这太简单了,我胸有成竹地说:"在学习上,我的方法是:一课前预习;二上课专心听讲;三课后认真复习。"

话刚说完,只见梁豆带头为我鼓掌。在掌声中,我不知从哪来了无穷的力量,我问她:"请问,你的课余爱好是什么?"

"看书。"

"为什么?"

"因为书是人类进步的阶梯!"

"好!"

只听见班里掌声雷动。

接着,又瘦又小的杨松采访"胖墩"杨东升。

"请问,你怎么吃得这么胖?"

"哈……"一听到这个问题,同学们全笑了。

杨东升胖胖的脸涨得通红,说:"只有一个词语,'狼吞虎咽'。"

同学们又都笑了。

接着,杨松问:"你最喜欢的体育运动项目是什么?"

"打篮球。"说着,杨东升做了一个投篮的姿势。

"为什么?"

"我想为国争光!"

"嗬,真没看出!"说着,杨松向杨东升竖起了大拇指。

接着,先后有五个同学都采访了我们班的调皮鬼周明辉。

"请问为什么你回答问题时爱摇头?"

魅力解读

  这个故事写得不错。因为所选的材料是自己亲身经历的,也是最感兴趣的,因此有话可说。写课堂上的采访活动,既写出了活跃的气氛,也表现出每个同学的思考。无论是人物心理活动的刻画,神态与动作的描写,还是对话,都突出了人物的特点。结尾的掌声和欢笑声,则表现出这次活动的效果。

  "为什么大家都叫你'杀瓶威'?"

  ……

  每回答一个问题,周明辉总是习惯性地把头摇一圈,再伸一下,然后,不紧不慢地开始回答问题。他滑稽的动作,幽默的话语,把同学们逗得哈哈大笑。

  "老师,我想采访一下您,好吗?"只见坐在后排胆小的杨赞高高地举起了手。

  "可以。"只见罗老师大步走上讲台,用鼓励的目光望着杨赞。

  "请问,你以后的生活打算是什么?"一听到这个问题,同学们"哄"的一下全笑了,杨赞则羞红了脸。

  罗老师微笑着说:"我今后的生活打算是上好每一节课,过好每一天,使你们在快乐中学习知识,使你们青出于蓝而胜于蓝!"

  哇,面对老师精彩的回答,教室里响起了雷鸣般的掌声。

  掌声在教室回荡,欢笑声在教室回荡。

"江洋大盗"

古 雪

还没满 11 岁的我,在班上可是一个名副其实的"江洋大盗"——不要误会,可不是你想的那种江洋大盗哦。我嘛,就是把别人的……不能说多了,要不秘密就暴露了。呵呵,想听,走,让本"大盗"带你去吧。

"盗"困惑

"古雪,这道题怎么这么绕呀,我的头都晕了,还是读不懂题!"董建君困惑地挠了挠头。

"哦,是吗,来,给我看看。"我接过他的作业本,仔细地读题,"嗯,这题其实并不难,只不过是单位换算太多罢了!"接下来,我一步步地给他讲解了解题步骤。董建君茅塞顿开,拿着笔"刷刷"几下就搞定了,结果完全正确。

他笑得合不拢嘴,不住地说:"谢谢你,古老师!"

看来我已成功"盗"走了他的困惑。

"盗"潦草

"谢鹏举,瞧瞧你的字儿,简直是天书!你写的是国家机密吗,怕别人读懂不成?"这天,我又动了"偷心",就指着谢鹏举作业本上的潦草字迹说了起来。

谢鹏举漫不经心地说:"那又怎样,我生下来字就这样。"

听了这话,我"腾"地一下站了起来,手"啪"的一声拍在桌子上,一副警察审犯人的模样:"哼,字写得这么潦草还不知错!从现在开始,写不好不许玩!"

谢鹏举这才乖乖投降,一脸讨好的样子:"好好,古大姐,古班长,从现在起我认真练字还不行吗?"

他见我还瞪着他,只得拿出练字本一笔一画地写了起来。我这才罢休,满意地点点头。接下来,我每天都检查他的练字情况,如果不合格,呈现在他眼前的就是一张"老虎脸"。一段时间下来,他的书写大有好转。

这天,我换了一张"娃哈哈脸"来到谢鹏举身边,说:"嗯,不错,请继续保持!"

谢鹏举一副受宠若惊的样子,赶紧承诺道:"我一定保持,还要争取更好!"

哈哈,他的潦草被我这个"江洋大盗"神不知鬼不觉地就"盗"走了,我的心中一阵窃喜。

"盗"自私

在五(2)班这个大家庭里,我曾"盗走"了一样丑陋的东西——自私。

那次,一位同学向另一位同学借笔,被借笔的同学文具盒里明明躺着两支笔,他却吞吞吐吐地说:"我……我只有一支笔!"

借笔的同学一筹莫展,非常失望。见此情

景，我急忙递过去一支笔。

他连忙对我说："谢谢你！"

再看看那个"有笔族"，他惭愧地低下了头，脸红到了脖子根。

嘿嘿，考验这些同学的时候到了。一天，我假装没带笔，露出一副让人同情的可怜样，嘟着嘴说道："真倒霉，今天我没带笔！"

这次，我的话刚一出口，周围的同学们就纷纷送上笔来。

好一个感人的场面，看来我已巧妙地"盗"走了一些同学心中的自私。

我几乎每天都有收获。你猜，这些"宝物"我是怎样处理的？告诉你吧，我通通把它们扔进了垃圾桶。瞧，我这个"江洋大盗"与众不同吧。

你还想知道得更多吗？广告之后，精彩继续。

哎呀，我忘了，这个秘方可不能公开呀！

魅力解读

"新""趣""活"是这篇故事总的特点。"新"在于构思新。我们往往把"江洋大盗"与十恶不赦的"坏人""大盗贼"联系一起，然而，作者根据所"盗"之物的不同，刻画了一个聪颖、乐于助人的"大盗"，别有新意。"趣"在于语言和事例生动有趣。作者用幽默风趣的语言叙述了"盗潦草""盗自私"的故事，让人恍然大悟。"活"在于人物形象鲜活。作者通过生动的语言、传神的动作、丰富的神态描写，把一个"江洋大盗"的形象刻画得活灵活现。

老师不在的时候

翟明悦

上课铃刚响过,一脸微笑的田老师就来到教室。她刚走上讲台,就冷不丁地冒出一句话:"对不起,同学们,我把作文本落在办公室里了!"说完,就转身离去了。

田老师前脚刚跨出教室的门槛,教室里就发生了天翻地覆的变化,原本寂静的教室一下子炸开了锅,发出了各种声音。同学们有的进行"武艺大比拼",有的"智斗口才"。也有比较安静的同学,他们依然安安静静地坐在座位上,就好像即使宇宙毁灭了都和他们无关。也许他们心里在说:即使天塌下来,我也不怕,因为有个高的顶着呢。

瞧,我们班的甘宁和彭若楠,好似山下的老虎,双手叉着腰,喘着粗气,互相注视着对方。突然,两人伸出又肥又大的"熊掌",踢向对方。不知道的人,还以为他们在跳交谊舞呢。

再看看那边,王勇和吴学鹏已经吵得鸡犬不宁了。

"这板凳是白痴的!"

"你才是白痴呢!"

这两个人像斗牛一般,你一言我一语地吵开了。乍一听,还真以为有一群刚出生的小鸡"叽叽"叫着,要找妈妈呢。

突然，教室门外闪过一个身影，那些"变色龙"立马恢复了本色，可是，定睛一看，原来是一个迟到的同学。顿时，教室里又由静转为闹。那些小顽童，好似花果山里的孙悟空一样，又开始了"大闹天宫"。

"老师驾到！"不知是谁叫了一声，同学们立即各就各位。

果然是田老师回来了。她走进教室，并没有大发雷霆，而是笑了笑，在黑板上写下一行字——"老师不在的两分钟"，并说，这就是今天的作文题目。

同学们看了，面面相觑，继而嘴巴张得能搁得下一个苹果，眼睛瞪得比牛眼还大。同学们都注视着黑板，沉默了片刻后，大家（当然也包括田老师）都不约而同地大笑起来。

魅 力 解 读

老师离开仅仅几分钟，教室里就闹翻了天。搞"武斗"的，动作既野蛮又温柔，如同在跳芭蕾舞；搞"智斗"的，就像"小鸡叽叽叫着，要找妈妈"。本文的特点是写得热闹、真切，又不乏幽默。比如，田老师"驾到"以后，在黑板上出了作文题目，"同学们看了，面面相觑"。行文中，一个明察秋毫而又宽容、睿智的老师的形象呼之欲出。

"骑士大战"

彭尹超

星期四上午有一节体育课,老师让我们自由活动。太爽了,老师万岁!

我漫无目的地玩着,不大一会儿就觉得特没意思。我冥思苦想,突然灵光一闪,想出了一个超级棒的游戏——"骑士大战",这下可有玩头了(我可不可以称自己为天才级的神童)。

说干就干,我"招募"了一匹"赤兔马"——程柳青。他四肢矫健,静则步态沉稳,动则疾奔如飞,是一匹看上去很有战斗力的"马"。可光我一个人怎么玩,岂不是一个光杆骑士?于是,我扯开嗓门大喊:"谁来和我玩最新发明的游戏'骑士大战'呀(推销一下我的大嗓门,分贝超高,瞬间即可达到超出想象的效果)!"这话吸引了许多同学,连女生也不例外。

我向大家讲了游戏规则:每个参赛选手先得找一个力气大的人做"马","马"负责把"骑士"背起来横冲直撞,"骑士"负责用脚踢敌人……听我啰唆了半天,同学们早就按捺不住了,纷纷充当或"骑士"或"战马"。很快,一场惊心动魄的"骑士大战"就开始了。

我骑上"赤兔马"跟"骑士"党宛玉撞了个正着,我禁不住打了个寒战。她骑的是传说中的"獠牙圣虎"——宋春霖,我大喊道:"党宛玉,你

不骑马却骑老虎,这可是'骑士'的大忌呀!"

"獠牙圣虎"怒气冲天,未等党宛玉回答,就冲向我们。我跟党宛玉在上面交手,"赤兔马"与"獠牙圣虎"在下面纠缠。党宛玉渐渐敌不过我了,就在此时,我的"赤兔马"因"伤痕累累"竟"壮烈牺牲"了,我也从马背上摔了下来。即将到手的胜利果实却拱手相让了,看着"獠牙圣虎"得意扬扬地背着党宛玉扬长而去,我的心里很不是滋味。

"战马都没有了,还算'骑士'吗?"我自言自语道。情急之中,我发现了"照夜玉狮子马"——田远,他正悠闲自得地走来走去。我立刻冲过去,把这匹"战马""驯服"了。他膘肥体壮,有很强的抗打能力,攻击力也很强,真是一匹绝世名马。我骑着这匹马就冲向党宛玉,她也不甘示弱,骑着"獠牙圣虎"就杀了过来。我奋力冲击党宛玉,还未等我的"马"受一点伤,就已把党宛玉斩于马下。

就在我坐下休息时,"照夜玉狮子"竟"归隐山林",再也找不着了,我不禁陷入了困境。真是天助我也,"爪黄飞电"——李龙飞不请自来。他虽然长得骨瘦如柴,但速度快如闪电。我顿时信心倍增,长驱直入,杀入敌阵。

一场混战,直杀得昏天黑地,日月无辉。渐渐地我感到体力不支,想策马杀出重围,"爪黄飞电"却终因"劳累过度",而"战死沙场"。

"丁零零……"下课的铃声响了,我这才回到现实中来。想想刚才的游戏,我很是得意。

魅力解读

作者想象力丰富,将一节体育课上的活动写得惊心动魄,很有看点。故事中,骑士及战马的名称很有趣。情节设计得很新颖,一匹匹战马的出现,都让读者眼前一亮。最后,从群雄鏖战的"战场"上回来,作者还不忘表现自己的江湖壮志,令读者热血沸腾,于是,真想再次领略一下作者的英雄风采。

无粮野餐

张春梅

4月7日是一个星期天,我们小队去野餐。去时,按照小队长的要求,大家只带了餐具和调味品,没带干粮和菜。路上,几个队员嘀咕着:"小队长做事真神秘,看中午吃啥?"这时,小队长大步走来,他举起小锹说:"咱们有武器,还愁没吃的?"

到了目的地,小队长在一棵枸杞旁停住脚步,他向大家招招手,我们立即跑了过去。小队长摆弄了一下枸杞的叶子,大家明白是怎么回事了,快嘴何小红说:"原来是采集野菜当干粮。"

小队长笑着说:"秘密被你猜着了,现在,咱们分头行动吧!"

很快,队员们像一只只小鸟飞向了荒野。

一个小时后,"噻……"一阵哨响过后,我们集合了,原来干瘪的干粮袋现在都鼓鼓的了。按照要求,我们用说一则故事、猜一个谜语、诵一首儿歌的形式,来介绍各自采集的野菜。

小队长首先发言,他说:"我采的野菜长在溪边、田垅边,它叶子细细,果实红红,你不要瞧不起它,它能帮你增强眼力。"崔平听说有帮助增强眼力的野菜,忙抓出来看,原来是枸杞叶。大家要小队长讲个故事,他就讲了《朱儒子吃枸杞叶子成仙》的故事。

接着,何小红请大家猜谜语:"雨后阳光下,银伞顶顶开。是伞不是伞,请你尝一尝。"

我说:"是蘑菇!"

我家的邻居朱阿姨是个医生,她曾给我讲过各种蘑菇的知识,在这里我给队员们介绍了毒蘑菇的特征。听了我的介绍,大家忙把采来的蘑菇拿出来细细查看,果然发现了三只毒蘑菇。

接下来,孔坤伯讲了个《蘑菇圈的故事》。

张小兵摸了摸自己的干粮袋,说:"我给大家出个字谜,一只小虫头顶一匹布。"他故意把"虫"字和"匹"字说得很响亮。大家比画着,就想开了。"蛋!"还是崔恒祥答得快。

"对,我今天不但采到了野菜,还得到了意外的收获——野鸡蛋。"说着,张小兵从干粮袋里掏出五个野鸡蛋,并讲了《南瓜生蛋》的故事。

故事讲完了,大家把采集来的百合、野葱、茅针、地衣等洗净,支锅搭灶,小队长的要求是,每人做一个菜。

吕志方做的是清炒枸杞叶,她是用热水烫后再炒的。在家里从没做过饭菜的孔卫华,在大家的帮助下,把蘑菇、茅针芯、地衣混合,烧了个"三鲜汤"。我做的菜别具匠心,我用茅针做树干,枸杞叶做树叶,百合做花蕾,将蛋煮熟切成花,拼成一盘"花树型"的菜,可好看了。其他的队员有的做了蘑菇烧蛋汤,有的做了白糖煨百合,有的做了野葱炒鸡蛋等。

野餐开始了,我们把菜摆在地上,大家或坐或蹲,围成一圈,大吃起来。

魅力解读

故事是按照活动的顺序来记述的,材料鲜活,内容有趣。行文中,议野菜的部分写得最细,做菜和野餐也写得比较细,怎样采集野菜,则一笔带过,可见作者在选材和剪裁上是动了脑筋的。议野菜的部分因为有讲故事、有猜谜语、有联想,内容显得很活泼、很有趣,增强了故事的表现力。

眼保健操四幕剧

韩江天

时间:公元2016年4月3日

地点:市第五小学402班教室

人物:韩江天(鄙人,绰号"韩国小馒头")、昝佩良(绰号"小帅哥")、秦浩芊(绰号"秦始皇")、江康睿(绰号"乖乖虎")、梅若荻(眼保健操"监军")、吕梦凡(绰号"长发妹")、查宁远(绰号"茶鸡蛋")、于泽冰(绰号"冰鱼片")、张星语(绰号"张胖")、付逸肖(绰号"付大头")、郝思源(绰号"好汤圆")、刘涌楠(绰号"南瓜")

第一幕:眼保健操第一节

幕启。

画外音:悠扬的音乐响起,周五下午第二节下课了。广播里传出亲切而又熟悉的声音——"眼保健操开始"。全班同学都跟着节拍做了起来,刚上完课的赵老师却走了。看吧,好戏开始了。

"秦始皇"秦浩芊:(对着第一组的江康睿笑弯了眉,咧歪了嘴,露出了大白牙。第一节"按揉天阴穴",大拇指本应在眉头上工作,"秦始皇"调兵遣将,硬是将大拇指安排到了下巴上,刚才的笑模样霎时变成了"白眼狼",他的黑眼珠也许跑到爪哇国了吧)嘻嘻,老江,看我,看我!

"乖乖虎"江康睿:(把头扭向秦始皇)嘿嘿

嘿,嘿嘿嘿。

"韩国小馒头"韩江天:(怕被"监军"发现,笑得比较收敛,小声地)嘻嘻,嘻嘻。

"小帅哥"昝佩良:(吐着舌头,翻着白眼,突然把脸扭向同桌,粗声粗气地)啊,我是鬼!

"长发妹"吕梦凡(昝佩良的同桌):(吓了一跳)哎呀妈呀,这是幽灵呀!

"监军"梅若荻:(走到秦浩芊跟前,拍着他的桌子呵斥道)秦浩芊,别做鬼脸了!(又走到昝佩良跟前,大声质问道)昝佩良,你是人还是鬼呀?

画外音:鄙人听到"监军"的吼叫,吓得都不敢笑了。

幕落。

第二幕:眼保健操第二节

幕启。

画外音:由于"监军"负责的工作态度、认真的工作作风,教室里顿时安静了下来。谁知,片刻后,波澜又起——哑剧开始了。

"茶鸡蛋"查宁远左手持铅笔,右手大拇指和食指跟着节拍挤按睛明穴,两只脚蹬着课桌底下的篮球,身体左右摇晃,悠闲自在,快乐似神仙。

"冰鱼片"于泽冰睁着两只大眼睛,右手做着眼保健操,左手拿着我们班的作文周报《星光闪烁》津津有味地看着,还不时地把眼镜往上推一推,一副学究的模样。

"张胖"张星语跷着二郎腿,抖动着跷起的那只脚,脸上的肉一颤一颤的。

魅力解读

　　作者犹如神笔在手,妙笔生花。"跷着二郎腿,抖动着跷起的那只脚,脸上的肉一颤一颤的",神态描写准确生动;"哎呀妈呀,这是幽灵呀!"更添喜剧效果。情景剧的体裁,独树一帜,让我们看到了《家有儿女》般的精彩。读者在捧腹之余,不免会在眼保健操的旋律中,在相同的场景下,半眯着眼把剧中人物和自己的同学一一对号。原来,校园生活就是这么丰富多彩。

　　画外音:鄙人边做保健操,边欣赏哑剧,"监军"居然没有发现他们的静默表演。

　　幕落。

第三幕:眼保健操第三节

　　幕启。

　　画外音:教室里的安静仅仅保持了一节眼保健操的时间,烽火再度烧起。

　　"付大头"付逸肖:(一边做眼保健操,一边自言自语)放学回家玩喽,放学回家玩!

　　"秦始皇"秦浩芊和"乖乖虎"江康睿指手画脚,窃窃私语,谈论得非常热烈。

　　"张胖"张星语晃着脑袋甩着两手,像患了羊角风。

　　"监军"梅若荻:(快步走到付大头跟前,厉声吼道)别说话了!

　　画外音:鄙人静静地欣赏着。

　　幕落。

第四幕:眼保健操第四节

　　幕启。

　　"好汤圆"郝思源四平八稳,坐如金钟。

　　"南瓜"刘涌楠(坐在我前面):(扭过脸对着我,笑嘻嘻地)下课玩!

　　"韩国小馒头"韩江天点点头。

　　画外音:呵呵,南瓜与我的小动作居然没有被"监军"发现,幸哉,幸哉!

　　幕落。

解读米岸

王米岸

我的名字叫米岸,听爸妈说,取这个名字的含义很多、很好。

米,平凡之物,人们都认识它,了解它,喜爱它,离不开它,有米不荒则安也。属鸡的我,啄米一生,享乐无忧。"米"还是国际制基本计量单位,国际社会各个领域的发展,也离不开它。

岸,江河湖海边缘的陆地。惊涛拍岸,巍然屹立,象征宏伟壮大。对于航行者,岸是胜利的目的地;对于遇难落水者,岸是生命的希望。

米岸,既平凡,又伟大。岸近水必有鱼虾蟹,岸上还有稻米香,富饶美丽的鱼米之乡,是人们向往的理想生活家园。

另外,还有拆字之解:米是常用符号"＋"和"×"的重叠,从生意人积累财富的角度来讲,加号和乘号是吉祥的符号;岸字即高"山"脚下兴办工"厂",工人们热火朝天地"干",说明该厂人气财气兴旺,产品适销对路,前程无限好。

一个人的名字由一个六笔的"米"和一个八笔的"岸"字组成,则寓"一路发(财)"之意。

常用的汉字只有三千五百多个,取同名者很多,不足为奇,很多认识我的人却说:"从未发现别人取这个名字。"

这说明,本人是绝对的唯一。

魅力解读

解读自己的名字,是一件很有趣的事。这是因为,不管是谁的名字,都有着不同的含义和不凡的来历。本文中,作者就像一个知识渊博的先生,从"米"讲到"岸",又讲到"米岸",而且既讲了含义,又讲了寓意。语言诙谐,内容令人耳目一新。文章虽短小,但给人以丰富的思维空间。

螺蛳行动

张明霞

在我的家乡,不知是谁最先品尝了螺蛳的鲜美味道,这几年,不少人开始捞螺蛳吃。后来,有些有经济头脑的人把加工后的螺蛳拿到市场去卖,还发了财致了富呢。

看到这些,我有了一个想法:我们班图书角的书都是大家你一本我一本凑起来的,报纸订的也不多,看着活动课时大家你争我抢的场面,我这个中队长心里真不是滋味。我们能不能利用节假日,也去搞一些收入呢?我把这个想法在中队会上一说,立刻得到了大家的响应。

说干就干。

第二天就是双休日,同学们拿着竹子编的簸箕,到河里扒螺蛳,只几下,就弄到一大把。我没有这种工具,同学们嘻嘻哈哈地说下去摸螺蛳也挺有趣。我高兴极了,挽起裤腿就下了水。我把身子紧贴着石头砌成的河埠头,用手抓住岸坎,另一只手伸进洞里,忽然,我触到一个又圆又扁的软东西,那东西还弯弯曲曲的。我心里一惊,听大人说水里有水蛇,我尖叫一声,手好像触电般地缩回来,身子好像筛米一样颤抖起来,我结结巴巴地说:"有……蛇。"听我这么一喊,大家都吃惊地停了下来。这时,我旁边的一个同伴大笑起来,说:"那个'水蛇'是我

的手。"听到这里,同学都笑得前俯后仰,我则惭愧地低下了头。

就这样,我们摸了两个多小时。上岸后,大家把螺蛳倒进桶里。呀,这么多,两只桶都快满了。我们把螺蛳抬到我家,用清水泡在水池里。妈妈说:"多换几次水,螺蛳就会把脏东西吐干净,那样吃起来,就卫生了。"

一周以后,螺蛳把脏东西都吐净了,妈妈把它们炒好了。明天正好是集日,又是星期天,因为摸螺蛳时我的表现不够好,明天我决定带头去干一件有些同学们不愿干的事——卖螺蛳。

我从家里拿了个大杯子和一个书包,就和几个同学一起推着小车上集了。来到集上,将东西摆好,虽然早有心理准备,我却怎么也不能像那些叔叔阿姨们那样大声吆喝,有些人还说:"谁家的孩子,不好好念书,出来做买卖,真是钻钱眼里了。"听了这话,我们的心里很难受。

就在这时,我们班的沈伟同学走过来,他装模作样地问我螺蛳怎么卖,我告诉他五角钱一杯,他掏出五角钱,就买了一杯。不知是出于好奇,还是我们卖得便宜,沈伟走后,竟陆陆续续有好多人来买。尽管他们投来的目光中有那么多的疑问,我才不管呢。不一会儿,我们的螺蛳就卖完了。再看旁边那些卖螺蛳的叔叔、阿姨,他们都在对我们怒目而视。

这时,沈伟过来贴在我耳边说:"我们卖便宜了,他们都卖两元钱一斤呢。"我们抢了他们

魅力解读

故事中,作者将"螺蛳行动"的缘起、经过、结果写得自然而详实,为充实图书角而发起的这一行动,收获很多,很有意义。材料新颖,描写细致,很具体,也很真实,写出了同学们多彩的成长经历。

的生意,他们当然不高兴。都怪我没事先打听一下,这样,少卖了好多钱呢。

回到家里,我把书包里的钱倒出来,大家一数,一共二十三元五角。我们第一次拥有用劳动挣来的钱,心里有一种说不出来的痛快。

有了第一次经验,第二次去卖时,我们组织了几个能说会道的同学去做宣传。我们告诉大人们,我们不是贪钱,而是为了锻炼自己的能力,更是为了减轻家长和学校的负担。这样一说,一些本来不打算买的人也纷纷掏出钱来。

就这样,每逢假日,我们都去捞螺蛳卖。半年下来,我们一共卖了一百七十六元三角钱。除了为图书角增添了一些图书,还为每个小队订了一份《作文报》,要知道,这是同学们最喜欢的报纸了。

学校得知了我们的活动后,校长在全校师生大会上表扬了我们。作为这次活动的策划者,我感到非常自豪。为了扩大影响,我为我们的活动起了一个颇有军事味道的名字——螺蛳行动。